语言文化视域下的英语教学研究

户晓娟　著

北京工业大学出版社

图书在版编目（CIP）数据

语言文化视域下的英语教学研究 / 户晓娟著． — 北京：北京工业大学出版社，2018.12（2021.5 重印）
ISBN 978-7-5639-6592-2

Ⅰ．①语… Ⅱ．①户… Ⅲ．①英语－教学研究②英语－文化语言学－研究 Ⅳ．①H31

中国版本图书馆 CIP 数据核字（2019）第 010246 号

语言文化视域下的英语教学研究

著　　者：户晓娟
责任编辑：安瑞卿
封面设计：点墨轩阁
出版发行：北京工业大学出版社
（北京市朝阳区平乐园 100 号　邮编：100124）
010-67391722（传真）　bgdcbs@sina.com
出 版 人：郝　勇
经销单位：全国各地新华书店
承印单位：三河市明华印务有限公司
开　　本：787 毫米 ×1092 毫米　1/16
印　　张：11
字　　数：220 千字
版　　次：2018 年 12 月第 1 版
印　　次：2021 年 5 月第 2 次印刷
标准书号：ISBN 978-7-5639-6592-2
定　　价：48.00 元

前　言

当前，随着全球化趋势的不断发展，世界各国之间的关系日益紧密，交流日益频繁，同时，网络信息技术的飞速发展打破了时间和空间的限制，极大地便利了人们之间的交流，这也使得跨国界的交往变得更加容易，人们交往机会也更多。在这样的趋势下，跨国交往的语言和能力逐渐成为现代人工作和生活所必须掌握的技能。英语作为国际通用的语言，在跨国交往中有着广泛的用途，发挥着重要的作用。因此，加强对英语语言和交往能力的培养，成为当前人才培养的一项重要内容。

英语作为一种语言，不仅包括语音、词汇、语法等单纯的知识内容，作为交际活动的桥梁和媒介，其背后还蕴含着独特、深厚的文化内涵。语言是人们沟通交流、传递信息、表达情感的重要工具。离开了语言，人们就难以实现真正的沟通。对于语言来说，在长期发展和使用的过程中，逐渐产生了一定的文化意象和内涵。在跨文化交际中，语言背后的文化内涵是影响跨文化交际成败的关键因素。如果缺乏相关的文化知识，在跨文化交际的过程中，就很容易出现误解和冒犯等问题，从而造成文化冲突，造成跨文化交际的失败，甚至还会造成更严重的后果。

因此，对于英语教学来说，不仅要重视语音、词汇、语法等知识内容的教学，同时也要重视对英语背后的文化知识的教学。我国传统模式下的英语教学偏重于对英语语法知识内容的教学，忽视了对英语文化知识的教学。既不利于英语人才的培养，也难以满足社会对于英语人才的需求。随着经济全球化趋势的不断发展和人们对于跨文化交际重视程度的不断提高，必然要转变传统的英语教学模式，将文化内容引入英语教学，实现我国英语教学的新发展。

本书以语言文化为视角，对我国英语教学进行了深入的研究。首先，探究语言、文化及二者之间的关系，并将语言文化与英语教学进行结合，为接下来的研究奠定理论基础。接下来，从理论和实践的角度出发对我国英语教学的改革做了系统分析，包括语言文化对我国英语教学的影响，同时，指出我国英语教学中存在的问题，进一步明确我国英语教学改革发展的方向以及改革的具体内容。与此同时，还应明确在英语教学改革的过程中，不仅要实现教学观念、教学用语、教学内容、教学方法、考试形式等全方位的改革，还应不断加强我国英语教师队伍建设。教师作为英语教学的实施者，其素质和能力，对于英语教学的改革发挥着重要影响。在传统的教学模式下，教师是英语教学中的绝对主导者，学生则十分被动，造成了“填鸭式”教学的现象。在英语教学的改革过程中，英语教师也必须实现观念的转变，不断提高自身的各种素质和技能，以适应英语教学改革的需要，将英语教学改革真正应用到教学实践中。英语教学的主要内容包括听力、阅读、语法、翻译、写作等，英语教学成绩的考评也是通过对这些内容的考核实现的。因此，要实现英语教学的新发展，可以从这几方面入手，对其进行分析，实现英语教学模式的创新。针对我国传统英语教学忽视文化内容的问题，本书提出文化体验式的英语教学模式，以实现英语文化教学模式的创新。最后，主要从英语教学的网络化发展和个性化发展角度出发，展望我国英语教学的未来。

本书由贵州师范学院外国语学院的户晓娟副教授撰写，作者在撰写本书的过程中参阅了大量语言文化和英语教学的相关资料，在此对所引用资料的作者表示衷心的感谢。

最后，由于作者水平有限，时间仓促，书中难免有疏漏和不妥之处，恳请读者批评指正。

作　者

2018 年 7 月

目 录

第一章 语言与文化的关系

语言与文化的关系是相依相存、密不可分的。可以说，文化是语言的基座，语言是文化的载体。要想深入了解语言与文化的关系，首先应该对什么是语言、什么是文化加以解释，然后再从整体上分析二者的关系。

第一节 语言的理论研究基础

一、语言的产生

语言是人类重要的交际工具，也是人与人相互沟通的表达符号。人们借助语言可以保存和传递人类文明的成果。语言也是各个民族的重要特征之一，通常而言，每一个民族都有属于自己的语言。汉语、英语、俄语、法语、西班牙语、阿拉伯语等都是世界上的重要语言。汉语是世界上使用人数最多的语言，英语则是世界上使用最广泛的语言。据统计，目前世界上可查明的语言有 5651 种。在这些语言中，约有 1400 种还没被承认是独立的语言。

语言是如何产生的？或者说，语言的起源是怎样的？从古至今，想必有不少人都曾着迷于这一问题，于是便有了各种关于“语言”的猜测和假说。直到今天，还没有一种令人信服的答案。

诸学者对语言起源的讨论，大致分为两个阵营：一是特创论（creationism）；二是进化论（evolutionism）。进化论认为，语言是人类进化过程中的产物。从进化论的角度提出的关于语言起源的说法可谓五花八门，不胜枚举。这里仅就其中几个有代表性的进行探讨。

在进化论阵营中，德国学者马克斯·缪勒（Max Mueller）提出了“汪汪论”（the “bow-wow” theory），认为“语言产生于人类对自然界里各种声音的模仿”。例如，原始人听见风声便会模仿风的声音说“呼呼”；听见水声便会说“哗哗”；听见动物的叫声也会模仿。可以说，“汪汪论”很好地解释了拟声词（onomatopoeic word）的起源，但又存在很大的漏洞。第一，拟声词在词汇中所占的比例很小，所以这一说法无法解释非拟声词的来源问题。第二，如果语言真的是由人类模拟自然界的各种声音而来，那么人类的语言应该只有一种，即便是有多种语言，这些语言之间也不应该有这么大的差异，而事实却是，即便是拟声词在不同的语言中的表达也是截然不同的。例如，模拟狗的叫声的拟声词，中文用“汪汪汪”，英文用“bow wow”，法语是“ouah ouah”，西班牙语是“guau/gua”。这主要是因为多数拟声词在形成过程中都会受两方面的影响：一是自然界的声音，二是某种语言的声音系统所规定的声音组合模式。

进化论阵营中的另一派理论是“塔塔论”（the “ta ta” theory），该理论认为“语言产生于人的发声器官对身体动作的模仿”。人们嘴巴一张一合来模仿动作时最容易发出“塔塔”的声音。持此观点的学者认为，人类习惯用舌头、嘴唇和上下颌骨模仿手的动作，声音是这一过程意外的副产品。

佩吉特（Paget）是“塔塔论”的代表人物之一。他猜想，人类祖先可能是用手势配合嘴部动作来进行无声交流的，之后因嘴部动作能发出声音，于是才成为交流的一部分。最后，人类的祖先意识到仅靠嘴部动作发出的声音即可交流，语言便产生了，于是双手得到了彻底的解放，并逐渐用于完成其他活动。

“噗噗理论”（the“pooh-pooh”theory）认为，人类语言起源于自然的呼号。例如，当人类受到惊吓时可能会喊：“啊！”感到疼痛时可能会喊：“哎哟！”但是，这一理论同样存在两方面的漏洞。首先，它无法解释为什么不同的语言用不同的声音来表达类似的情感。例如，表达疼痛时，汉语用“哎哟”，而英语用“ouch”。其次，它无法解释为什么人在剧烈的情感波动中会发出很多复杂的、极富表现力的声音，而这些声音多数都没进入语言。例如，哭泣的声音非常丰富，汉语中却只能用“嘤嘤地哭”“哇哇地哭”等少数几个词来表达。可见，宣泄情感的声音也不可能是最原始的语言的声音。

里夫斯（Revesz）从研究动物的声音出发，提出人类语言的起源大致经历了三个阶段。

（1）在原始阶段，动物发出的只是“交会声音”（contact sound），其仅用于确认大家同属于一个种群的成员，并建立集体归属感。

（2）在随后阶段，动物开始发出“叫声”（cry），同族的其他成员听到这一声音后便会判断出发生者所处的状态，如恐惧、愤怒、饥饿、受伤等，随后迅速采取行动。

（3）在先语言状态的高级阶段，动物能针对种群内某一特殊特体发出“呼唤”（call）。

里夫斯特别强调，最后一个阶段仅限于高级哺乳动物，如狗、猫、大猩猩等。他还推测，随着“呼唤”在交流过程中被赋予了越来越专门和抽象的意义，词汇最终产生了，而这一过程迄今只有人类成功地完成了。

二、西方学术界对语言的定义

语言是人类所特有的宝贵财富，没有了语言，可以说就没有了世代文化的传承和发展。“语言是用于人类交际的一种任意的、口语的符号系统。”这个定义是为大部分的西方语言学家所赞同的，而之所以能被大部分语言学家所赞同，主要因为这个定义抓住了我们人类语言的独有特征，也只有抓住了语言的独有特征的时候，我们才能给语言下一个更加准确和全面的定义。而在语言学家从不同角度分析语言定义的时候，这里有几条原则来评价他们所提出的理论是否科学，这五条原则分别是客观性、穷尽性、系统性、简洁性、清晰性，它们是语言学家在长期的探索中所提出的。客观性是对语言学家的基本要求，要求他们在一切以事实为基础上提出和不断地修正其假设和理论。第二条原则是穷尽性，是要求在准备和收集资料时要注意尽量地全面和不断地补充，不能马虎潦草地将资料拿出来进行研究。第三条是系统性，语言研究要有系统性，理论内部要有联系。第四条是简洁性，语言的科学研究，不需要华丽的词语去修饰，要注重话语的经济性，用简洁的方式去进行分析和概述。第五条是清晰性，语言学家需要将理论、概念等清晰明了地表达出来，而不能模棱两可。

美国结构主义著名代表人物萨丕尔（Sapir）给语言的定义是“语言是人类特有的、非本能的交际方法，是表达思想、感情和愿望等主观意志的符号系统”。关于语言与思维之间的关系，萨丕尔说，语言是工具而思维是产品，没有语言，思维是不可能的。从萨丕尔对语言的定义来看，我们很容易联想到他所提出的著名的萨丕尔—沃尔夫假说，这个假说还有“强势相对论”和“弱势相对论”之分。强势相对论的观点强调的是语言决定、制约着人的思维；而弱势相对论主张语言在一定程度上或多或少影响着人的思维。萨丕尔认为语言与走路的性质是不一样的，走路是人类与生俱来的，是遗传的、生理上的一种“本能的”功能，而说话是非本能的、一种需要习得的“文化的”功能。萨丕尔在许多语言中都做了充足的研究和分析，他发现语言的结构直接影响着人对世界的观察。而由于语言的内部结构不同，人对世界的看法自然也是不同的。萨丕尔的观点得到了语言学界、社会学界和哲学界的承认，认为它使人们重视文化对语言的影响。但是与此同时，也有很多学者认为强势的相对论十分偏激，它虽然有合理性，但难免以偏概全。但是不可否认的是萨丕尔的假说使人们深刻地感到了语言和思维、文化之间的关系，更加重视文化对语言的影响以及语言对人类思维的影响。与萨丕尔所持观点不同的是布洛赫和特雷杰，他们只字不提语言的交际功能，而是强调文化与社会功能的重要性，将语言的研究局限在口头语言当中。而语言学之父——索绪尔（Saussure）所提出的一个语言研究的重大问题是区分语言和言语，“语言”是说话的规则，“言语”是实际说出来的话。索绪尔认为言语本身既是一种社会制度，又是一个演变的过程。而语言不像言语，语言可以单独研究，可以排除言语所涉及物理学、生理学和心理学方面的问题，独立考查语言诸因素。总之，语言是言语活动的一个确定的部分，而且也是主要部分。

乔姆斯基（Chomsky）的语言理论来源于他对儿童语言的研究。他认为儿童无论生活在什么语言环境中，都可以很快地学会这种环境中的语言，他们不仅可以听懂别人的话，而且可以学会运用这种语言，还可以根据这种语言的语法创造出许多新的有效的句子。依据乔姆斯基的理论，儿童获得语言知识是一种构造理论的行为，他绝不是单凭经验学会了语言。语言需要模仿，模仿是学习语言的基础，但是语言不仅仅是模仿，而且主要不是模仿，主要是创造新的言语，这就是语言的创造性。乔姆斯基认为，这种创造和生成新的语言的能力是人的天赋能力，是内在的机能。人都有一本天赋的词典，具有分辨语词变化的能力。说话人通过一系列结构规则可以生成这种语言的句子结构，即在每个句子表达出来以前就在大脑中存在的概念结构。在乔姆斯基看来，人们在说话之前他的头脑中存在着一个深层的语言结构或是思维能力，而且会形成一个内在的正确的句子。乔姆斯基认为，深层结构通过“转换部分”可以转换成表层结构，这就是通过说话时的语音所表达出来的句子，表层结构是句子的形式，深层结构代表句子的意义。由此可见，乔姆斯基很注重两种语言结构的转换关系，但是在两种结构中他更加强调的是深层结构。

乔姆斯基认为语言是一组有限的无限句子的集合，其中每个句子的长度都是有限的，并由一组有限的成分构成。从乔姆斯基对语言的定义来看，他将语言定义为句子，然而并不是乔姆斯基不清楚语境的重要性，而是更加倾向于从句法的角度去分析研究语言，乔姆斯基曾经举过一个这样的例子：儿童所学的话是有限的，但是他们却可以说出许多他们没有学习过的句子，也可以说出从未听过的句子。这个例子要说明的是儿童能从句子中学到大量的词汇和短语，即一套完整的语法知识，再用这些所学到的知识来创造新的句子，用此来表达无限的思想。这个例子可以用来帮助理解乔姆斯基对语言的定义。而与乔姆斯基所持观点相反的是另一位语言学家——韩礼德(Halliday)。

韩礼德所代表的系统功能流派认为语言是“做事”的一种方式，他所强调的是语言和社会之间密切关系，语言是一种社会生活方式，是一种功能。乔姆斯基和韩礼德的语言观为何如此的不同其实并不难理解，乔姆斯基作为一个心智学家，自然关注的是人类的心智是如何运作的，因此将语言看成语法知识；而韩礼德是从社会学的角度来考虑的，将语言看作行为、功能。乔姆斯基提出了著名的“语言能力”和“语言运用”两个概念，而韩礼德所区分的是“语言行为潜势”和“实际语言行为”。

从以上语言学家对语言的定义中可以看出，他们分别从社会、思维、心理、文化等方面入手，虽然角度不同，但是不可否认的是任何一个对语言的定义都不可避免地打上了语言学家的思想和研究角度的烙印。我们其实很难判定哪一个定义更加精准，但是我们可以通过研究语言学家对语言的定义，去分析、理解他们的语言观和语言学观，然后去充实自己的语言学知识。

三、语言的特征

语言的特征集中体现在以下五个方面。

（一）语言的传承性特征

语言的传承性是指语言以自己的风格特征吸引或促使人们在生活生产中不自觉地通过语言这一工具直接或间接地影响相关的人群，或涉及更广的区域以达到传承的效果。

（二）语言的双重性特征

语言的双重性又称“二重性”，是指在研究中发现语言具有双重结构的特征。在高级结构中，语言是有意义的最小单位的集合，如词与词素；而在低级结构中，语言是序列化的切分成分的排列，这些切分成分本身都没有意义，但是能组合成意义单位。在语言结构中，低级层次中的语音单位组成高级层次中的更大的单位，即结构双重性。

（三）语言的能产性特征

语言的能产性又称“创造性”，来源于语言的双重性，是指人们可以很容易地理解从未见过或听过的语句。也就是说，说话者可以结合各个语言单位形成无数个句子。

（四）语言的任意性特征

语言的任意性特征主要表现在语言符号与现实中的事物之间没有任何直

接的联系。不同的语言用不同的符号表示同一事物，如汉语用“猫”来表示的动物，英语用“cat”来表示，这说明语言符号与客观事物之间的关系是任意的。

语言符号的任意性为人类创造新的语言符号和表达方式提供了更多的可能。当然，这种任意性不可走向极端，否则将给人类记忆和学习词汇带来困难。因此，在语言符号系统的内部，新的符号的创造要有一定的理据性，如把“-ness”加在部分抽象形容词后构成名词。

（五）语言的移位性特征

语言的移位性是指语言可以用来指在场的或不在场的事物，也可以用来指过去、现在、将来真实或不真实的事物，甚至是遥远地方的事物，也就是说，语言可以指向离说话人很远的情境。这一特征可以使说话人免受时空的限制，讨论超出自己所在时空范围的事物。这一特征是人类语言所特有的，动物就没有，如动物的叫声多出现在有食物、危险或疼痛的时刻，一旦这些环境消失，声音也会随之离去。

四、语言的作用

语言具有很多作用，这里就其要点展开概述。

（一）交际作用

语言的交际作用是指人与人之间通过语言彼此交流、互相沟通和交换信息。人类沟通的方式有很多，语言是最重要的一种，而其他沟通方式仅具有辅助作用，如身体语言、表情等。当然，要发挥语言的交际作用还应遵循一定的语法规则。美国哲学家格赖斯（Grice）指出，人们在交际过程中，应遵循“合作原则”（cooperative principle），该原则有四个范畴：质准则（quality maxim），即话语的真实性；量准则（quantity maxim），即话语的信息量；关系准则（relevant maxim），即所提供话语与当前信息是否有关；方式准则（manner maxim），即话语是否清晰明了。人类在交际过程中，常常出于需要而故意违反合作原则，格赖斯将其称为“特殊会话含义”，此时需要交谈双方根据情境推导出表面话语下隐含的真实意图。总之，语言是人类交际的重要工具，只有遵守一定的语法规则才能更好地发挥语言的交际作用。

（二）信息传递作用

信息传递作用是语言的关键作用。语言是信息的主要载体，也是人们表达思想的主要工具。人们往往觉得有必要大声讲出他们的思想，如当他们在解决一道数学难题时。语言的信息传递作用主要体现在：人们用语言将想要表达的信息传达给对方，人们用文字记录一些信息。可见，语言是人类用来表达价值观、世界观以及自身内在意识世界的重要手段。

（三）情感作用

在信息作用的基础上，语言还可发挥情感作用。例如，语言可以有效地控制情绪，当一个人感到悲伤的时候，几句安慰的话语可以减轻其伤感；当一个人感到激动的时候，如果有人不断地安慰其“冷静一些”，他的激动情绪也可能得到缓解。此外，语言还可用来表达情感，如生气时可以说几句发泄的话语，看到美好的景物时可以用诗句赞美一番。语言的书面形式同样可以发挥其情感作用，这也就是为什么人们看到感人的故事会潸然泪下，看到恐怖的故事会心惊胆跳，看到幽默的故事会忍俊不禁了。

（四）元语言作用

元语用意识是交际者在交际中选择语言，做出顺应时表现出来的自我意识反应，元语用意识对语言选择的指导和调控作用最终会在语用层面上得到表现。由于对于不同的语言选择，元语用意识作用的程度也不一样，它们在语用层面上留下的“语言痕迹”的明显程度也会不同。在语言选择过程中，有很多语言手段可以标示元语用意识。

我们的语言可以用来讨论语言本身。例如，我们可以用“人”一词来讨论一个人，或是用“人”来讨论语言符合“人”。作者要将篇章组织为连贯完整的语篇，常会使用一些特定的表达来提醒读者所处位置和以后进展的方向。例如，他们不说“The lion chased the unicorn all around the town.”（狮子追逐镇周围的独角兽），而说“All around the town the lion chased the unicorn.”（在镇周围狮子追逐独角兽）。变换了两个句子的顺序，也就改变了我们审视句子的角度，第一句回答的是“狮子在干什么”，而第二句则关心的是“狮子在什么地方或什么范围内追着独角兽”。这就是语言的元语言作用。

（五）娱乐作用

语言的娱乐作用常常被忽略。娱乐作用有时可以为了纯粹娱乐而使用，如婴儿的牙牙学语、歌者的吟唱。在我国的一些地区，“对歌”很流行，一名歌者以一首歌开头挑战对手，让对手继续唱这首歌的内容或用相同的节奏和韵律唱其他的歌。这一活动可以持续好几个小时，纯属娱乐。

当观察了孩子们玩耍时对声音的敏感性后，我们可以感受到声音强大的力量。有时，他们无意中唱的歌谣也能体现娱乐作用：重复的节奏有利于控制游戏，孩子也能从中得到乐趣。成年人也有欣赏语言的方式，如写诗。

第二节　文化的理论研究基础

一、国内外对文化定义的理解

文化是人类社会特有的现象，也是人类历史长河中所创造的物质文明和精神文明的总和。关于文化，本节既要研究其基本定义，又要探讨其分类、特征。

（一）我国对“文化”定义的理解

在中国，“文化”一词早在两千多年前就已出现，但最初的“文化”二字并不是共同出现的。在汉语中，文化是“人文教化”的简称。按照其顺序可知，先有人，然后才有了文化。确切地说，文化是人类社会发展的结果，凝聚了人类的所有经验和智慧。

据专家考证，中国语言系统中自古就有对“文化”一词的解释。“文”原指各色交错的纹理。《礼记·乐记》记载：“五色成文而不乱。”《易·系辞下》称：“物相杂，故曰文。”均有此义。另外，“文”还有一些引申义：(1)为包括语言文字在内的各种象征符号，其具有化文为物的典籍、礼乐制度，如《论语·子罕》中说“文王既没，文不在兹乎”；(2)由伦理之说导出彩画、装饰、人为修养的含义，与“质”“实”相对称，如《论语·雍也》曰“质胜文则野，文胜质则史，文质彬彬，然后君子”；(3)在前两层意义上，还有美、善、德行之义，如《尚书·大禹谟》所谓“文命敷于四海，祗承于帝”。

“化”原指改易、生成、造化。古代很多典籍都对“化”有所记载，如《黄帝内经·素问》称“化不可代，时不可违”。这里的“化”主要指事物形态或性质发生变化，当然“化”还可引申为教行迁善之义。

“文”与“化”最早合用在《易·贲卦·彖传》：“刚柔交错，天文也。文明以止，人文也。观乎天文，以察时变；观乎人文，以化成天下。”这里的“文”是由纹理演化来的。“天文”即天道自然的规律。“人文”指人伦社会规律。这段话中的“人文”与“化成天下”密切联系，有着明显的“以文教化”的思想。

西汉以后，“文”与“化”才正式合二为一，如《补亡诗·由仪》中的“文化内辑，武功外悠”。这里的“文化”，或与天造地设的自然对举，或与无教化的“质朴”“野蛮”对举。因此，“文化”以此的本义即“以文教化”，表示对人的性情的陶冶、品德的教养，主要指精神领域。如今，“文化”的含义发生了较大的变化，其内涵和外延的意义十分广泛，所以其定义很难界定。

（二）国外对“文化”定义的理解

国外的“culture（文化）”一词，来自拉丁文“cultura”，意思是耕种、居住、练习、注意等。法文“culture”，也有培养、种植之意，但可引申为对人的性情的陶冶和品德的培养。可见，国外“文化”的定义要比中国古代的“文化”宽泛得多。在西方，最早对“文化”进行过定义的是英国的人类学家爱德华·泰勒（Edward Taylor）。他指出：“文化是一个复杂的总体，涵盖知识、信仰、艺术、道德、法律、风俗以及其他人类作为社会成员而获得的能力和习性。”这一定义是当时最为全面、准确的一个，还被收录到《大不列颠百科全书》中。此后，西方学者纷纷开始为文化下各种定义。

社会语言学家鲁斯·本尼迪克特（Benedict）指出，文化是“通过某个民族的活动而表现出来的一种思维和行动方式，一种使这个民族不同于其他任何民族的方式”。戈德诺夫（Goodenough）认为，文化是“由人们为了使自己的活动方式被社会的其他成员所接受，所必须知晓和相信的一切组成。作为人们不得不学习的一种有别于生物遗传的东西，文化必须由学习的终端产品‘知识’组成”。这两个定义均强调了文化的民族性，前者更突出民族的规范，后者则提出了民族间的差异。将两个定义归纳起来，即文化就是人们日常活动的总和，在不同的生态环境下，不同的民族创造着属于本民族特有的文化，同时也被自己的文化所塑造。

二、文化的种类

文化是随着人类文明的出现和发展而存在的，因此，文化的发展成果也会随着人类社会的不断发展而随之增加。很多学者都是根据给文化所下的定义不同而选择不同的分类方法，所以每一种分类所使用的标准是否准确，也有待专家学者们进一步地探讨。

（一）主文化、亚文化和反文化

主文化是在一个社会中处于支配地位的正统文化，也可以称之为主流文化。比如在中国古代的封建社会中，儒家文化就是那一时期占统治地位的主流文化，统治者依靠儒家文化的传播来统一民众的思想。在不同的历史时期，一个社会的主文化也会随着时代的变迁而有所不同。

亚文化则是在一个社会中处于次要地位的一种文化。就像在中国这个多民族的国家，占人口比例大多数的汉族的文化就是主流文化，而其他五十五个少数民族的特色文化就是所谓的亚文化。

通常，在一个社会中除了主文化和亚文化以外，还有一种文化叫作反文化。其实严格意义上来说，反文化也是亚文化的一种。反文化并不是一个贬义词，当一个社会的主流文化已经走向畸形或者衰落的时候，反文化所带来的冲击往往可以使这个社会的文化重新振兴。就像当年的新文化运动一样，它虽然是一种反文化，但它的兴起与发展为当时被封建腐朽文化所笼罩的中国带来了光明与希望。

（二）民族文化、区域文化和阶层文化

民族文化是世界上各个不同的民族在其各自的发展历程中所创造出来的具有自己民族特色的文化类型。可以说，一个民族的文化是这个民族存在和发展的重要标志，也是该民族历史传承的纽带。

区域文化主要是偏向于地理环境特征而言，由于不同的自然条件和地理环境的差异，因而不同的地区所形成的文化也会因带有明显的区域特征而有所不同，从而形成了特定的区域文化。

由于各社会阶层所从事的职业和社会分工的不同，不同阶层的生活方式和文化活动也会因为各自的社会地位的不同而产生各种各样的阶层文化。

以上仅仅是介绍了众多文化分类方法中的两种，不同的学者对于文化的分类都有自己的看法和观点，各种文化分类的标准也不尽相同。文化是会随着人类文明的不断发展而向前发展的，所以伴随着文化内涵与内容的不断丰富，文化的分类问题也会是一段时期之内各国学者研究的重点。

三、文化的特点

（一）文化的人为性

文化也是一种人化，必须包含人的活动痕迹，是与“自然”相对而言的概念。纯粹的自然物和自然现象不属于文化，而经过加工改造后，蕴含了人类智慧的结晶的物质或精神产品，才属于文化。风云雷电、日月星辰等本来不属于文化，但面对日月星辰的运转，风云雷电的变幻，人们一方面感到惊恐惶惑，另一方面又想要控制它们，所以在人类的想象中它们可以具有人的形象和特征，于是就有了关于日月星辰、风云雷电的神话，进而形成了文化。

山川河流、花草树木等本来也不属于文化范畴，但经人类高超的技艺，可以在高山峻岭上刻字作画，建寺造观，构成了各种神话故事，于是也就成了文化。

属于某一民族的人从婴幼儿起就开始学习该民族的文化行为准则、交往方式和思维模式，直到将所有文化内化为自己的习惯。在这一过程中，人经历了互动（interaction）、观察（observation）和模仿（imitation）三种活动以及下意识的学习和有意识的学习，才得以完成。所谓下意识的学习，是指在日常生活中不知不觉地习得文化的方式；所谓有意识的学习，是指在家长、教师等的指导之下自觉主动地学习文化的方式。这两种学习都要经过互动、观察、模仿的过程。

（二）文化的符号性

文化不是自然存在的，而是通过符号被人类了解并传播的。每种文化都有其特定的符号系统，其是人类创造和使用各种符号的过程中的思维和行为方式。人是一种“符号的动物”。符号化的思维和符号化的行为都是人类最具代表性的特征。人类创造文化的过程，也就是不断发明和运用符号的过程。人类创造了文化世界，并为自身打造了一个“符号的帝国”。在创造文化的过程中，人类不断将对世界的认识，对事物和现象的意义及价值的理解转化为具体可感的形式或行为方式，从而使它们具有一定的象征意义。

构成文化符号，成了人类生活中必须遵循的一个习俗或法则。在这些规则的约束下，人们从事各项活动，并努力实现自己的人生价值。例如，婚礼、宴会、葬礼等活动中，环境、服饰、道具、程序等，都具有符号性。

在生活中，人们可以运用具体的符号表示具体事物或抽象概念。但在不同的文化中，符号的意义还存在一些差别。例如，在汉语文化中，13 只是一个普通数字，但在西方文化中，人们总对其敬而远之。

（三）文化的传承性

每一种文化都是其民族中思想和智慧的结晶，是人们对生活经验的总结，对后代的发展有借鉴意义。也可以说，文化就是先人对后辈的馈赠，需要后辈不断地传承下去。

一个群体所共享的信息集合就是文化，人们了解文化不是通过自身的遗传基因，而是通过后天习得或学习输入。文化是人类在社会发展过程中为了满足自身需要所创造出来的价值观念，它为群体共享并通过群体组织传播、继承。文化要想继续存在和延续下去，首先应该是可传承和传授的。也就是说，文化是否可以传承取决于其在民族发展中的内在需要或价值。文化的传播途径可以是通过父母、家人、朋友等的耳濡目染，也可以通过正规的学校教育。

以中国的文化为例，之所以今天我们仍可以看到古代帝王的皇宫，了解皇宫的内部结构、摆设、壁画等，就是因为文化传承的贡献。

（四）文化的变化性

变化性也是文化的特征之一。从历时角度看，文化是变化发展的，政治、经济的发展以及外来文化的入侵丰富了各个时期的文化。例如，“楚王爱细腰，宫中多饿死”；而到了唐代，美的标准更倾向于丰腴。中国的古代人需要蓄长辫，穿民族特色服装，而现代人的穿着更加追求另类，很少人穿传统中式服装。

从共时性角度来看，世界科学技术的迅猛发展，新发明的层出不穷，都与文化的变化发展有直接的关系。西方文明的涌入，东方文明的传播，不同文化之间在相互碰撞中得到了变化和融合。各民族文化在相互借鉴、学习的过程中改变了原有的文化模式。例如，英语的广泛推广影响了大批人群，在如今的大学校园里，人们打招呼已经习惯说“Hi”“Hello”等西式的词语，几乎不再使用“吃了吗？”“上哪儿？”等。可见，随着世界经济和文化的日益融合，各民族的文化传统都发生了些许变化。

第三节　语言与文化之间的关系

一、语言属于文化

文化是总称，是一个属概念，语言是文化之下的种概念，这种关系就如同“水果”与“樱桃”的关系一样。文化作为一个总的概念，它是抽象的，它必须借助于具体的形态表现出来，具体的文化形态都只是文化的一个部门。语言也是文化下面的一个部门。语言的意义是人的思维的产物，人对自然界、人类社会的认识成果构成了语言的内容。语音、词汇、语法都有自己的规则，人类创造了语言，并且必须遵守语言的规则。如汉语用“rén（人）”这个字表示有理性的动物，讲汉语的人都是在同一意义上用“rén（人）”这个字。汉语有汉语的语序，不遵守语法规则，打乱了语序，就会造成自己说不清楚，别人也听不明白的情况。虽然说“章无定法”，但是，开头和结尾、过渡和照应，都还是有一定的规范的。每一种语言都有自己的系统的规则，这种规则是对使用这一语言的人的共同要求。

二、语言是文化最重要的载体

说语言是文化最重要的载体，是相对于其他载体而言。其他载体只能向人们显现文化的一个部分，甚至是文化的一个角落；而语言则全面地储存着文化的整体信息。语言如果要超越时空，就需要借助于文字。从现象上看，似乎是文字充当着最重要的载体，但是，从语言学的角度看，文字只是记录语言的符号，文字的负载功能，是靠它与语言的特殊关系而存在的。

三、语言是文化不可缺少的一个部分

语言和文化的关系一直是语言界和文化界热议的话题之一，这主要由于语言和文化之间关系的复杂性，需要多角度、多方面辩证地去看待。从古至今，针对语言和文化的关系这一问题，许多学者都曾提出过自己的看法和观点，如美国人萨丕尔及其弟子沃尔夫提出的颇具争议的“萨丕尔—沃尔夫假说”（Sapir-Whorf Hypothesis）。这一假说的中心思想是语言决定思维，其大意是：说不同语言的人对世界的感受和想法也不相同，因此不同的语言结构差异决定了不同的世界观，即不同的思维方式。当代的学者认为对于“假说”的理解可以有两种方式：“强式理解”和“弱式理解”。“强式理解”支持这一假说，即认为语言决定了人的思维方式；“弱式理解”认为语言在一定条件下可能会影响人的思维方式，这只是相对的并非绝对的。但实际情况是随着人们对语言学研究的不断深入，现今已没有多少人可以完全接受“语言决定思维方式”这一思想。对此，笔者认为既不能完全接受这一假说，又不可以全盘否定其正确性，我们能够讨论的是这一假说在某种程度上的准确性。

文化包括物质文化和精神文化。物质文化中语言的作用并不明显，但语言对于精神文化的建设至关重要，精神文化需要语言来表达，需要语言来记载，语言是精神文化得以产生和发展的必要前提之一。

值得提及的一点是，语言并非文化的全部，只是文化的一个组成部分，而且是一个重要的具有标志性的部分。语言是在人类进化、发展的过程中产生并逐步完善的，它是一种特殊的社会现象。从这个意义上讲，语言又是文化的一个十分特殊的组成部分。

四、语言可以直接反映文化的现实和内涵

语言像一面镜子一样反映着民族的全部文化，又像一个窗口一样揭示着该文化的一切内容。英国语言学家莱昂斯（John Lyons）曾说过，“特定的

语言是这个社会文化的组成部分，每一种语言在词语上的差异都会反映使用这种语言的社会的事物、习俗以及各种活动在文化方面的重要特征”。

例如，在西方，人们大多信仰基督教，认为世界是上帝创造的，因此英语中有很多与“God”有关的表达。英美人通常会用“God！”“My God！”“Oh，my God！”等来表达惊讶；用“May God bless me！”来表示希望获得成功；“Thank God！”常用于表达经历一场危险之后发出的感叹等。而在汉语中，“天地”一直以来都是至高无上的权威的象征。因此，古代皇帝通常要“祭天地”，新婚夫妇要“拜天地”等，从这些词语中可以看出中国人的天道观。

五、语言与其他文化门类有本质的区别

一般的情况下，具备一定知识的人，都会承认法律、哲学、宗教、艺术等的独立性。它们都属于文化，但各个都只是文化的一个门类，任何一种门类自身的发展、丰富也就是文化的发展、丰富。语言也是文化的一个门类，在这个意义上，语言与法律、哲学、宗教、艺术、政治、经济等是并列的关系。语言具有自己的独立形式，语言形式从根本上把自己与其他门类的文化区别开，成为一类独立的文化样式。如果说在表达一个特定的意义时，选择某一语音具有偶然性，那么，语法规则却是必然性的选择。名词是对独立的实体性对象的称谓，动词则是实体性对象的活动，形容词反映的是对象的特性，连词、副词、介词等则反映了事物之间的纯粹关系；主语、谓语，宾语等在句子中的先后次序，反映了人类对自然、社会等关系的认识。语法准确、高度概括了事物与事物、事物与属性之间存在的关系，语言形式把握到了世界的基本关系，并把这种关系在形式上规定了下来。这种纯粹形式关系是任何其他文化都必然遵从的，是任何其他文化都不能改变的。

六、文化对语言有制约作用

文化是语言赖以生存的基础，文化不断地将其精髓注入语言之中，是语言新陈代谢的生命源泉。文化成为语言表现的基本内容，因而文化的发展可以推动和促进语言的发展。例如，汉语中的“小姐”一词，在中国古代封建社会中是对贵族家庭中的女儿的尊称，后来泛化为对未婚女子的称呼，但是随着该词的词义下降，即该词语的不断贬义化，“小姐”一词有了特指的范围。现在多用“女士”这一名词来称呼女子。这说明，社会文化因素发挥着根本性的作用。再如，汉语中“同志”这个词，在古代同志是指志同道合的人，

和先生、长者、君属于同义词，在新中国成立初期，“同志”指拥有共同革命信仰、共同理想抱负的有志之士。20 世纪 90 年代以后，中国的同性恋者开始使用“同志”一词互相称呼，于是该词逐渐演变为对同性恋者的另一个称呼。因此，现在很多年轻人已不再使用“同志”彼此称呼。这种现象在日常生活中十分常见，由此不难看出，文化对语言的演变有一定的制约作用。

此外，社会文化又在一定程度上制约着语言使用者的思维方式和表达方式。例如，中国古老的文明发源地——黄河中下游的中原地带，地处北温带，这里的土地比较贫瘠，而农耕是人们主要的生产方式，因此“牛”与汉民族的关系十分密切。这种密切的联系反映到语言中的表现就是：汉语中出现了较多的围绕“牛”字的词语，如“牛马、牛性、牛劲、吹牛、牛角尖、牛脾气、小试牛刀、对牛弹琴、牛郎织女”等。而西方文化则源于游牧文化，因此“马”成为与西方人关系较为紧密的动物。西方也主要用马来耕地，而牛仅用于产奶。在这种文化的影响下，在英语中就形成了与汉语中“牛”的系列词语相对应的“horse”（马）的系列词语，如 to talk horse（吹牛）、a willing horse（工作认真的人）、to work like a horse（像老黄牛一样拼命干活）、as strong as a horse（强壮如牛）、to ride on the high horse（盛气凌人）、to come off high horse （放下架子）、to buy a white horse（浪费钱财）等。

七、文化影响语义

在单一语言当中，很难清晰地看到语言背后的文化含义，但是通过几种语言的对比，文化和语言之间的内在关系便会渐渐明了起来。在汉语里，与“狗”相关的词语多为贬义。如：狗仗人势、狗急跳墙……但是在英语中，与 dog 相关的词语或俗语却有怜悯、褒奖的色彩。如 clever dog（聪明的人）、lucky dog（幸运儿）……又比如，在中国文化中，“龙”被视为吉祥、权威的象征，广大华人称自己为“龙的传人”。但在英语中“dragon”则是指一种类似于龙的会喷火的妖怪。“He is a dragon”表示的不是“他是一条真龙”，而是说“他是一个残暴的人”。近年来，龙与“dragon”之争已经成为一桩公案。不少中国学者要为龙“正名”，主张在英语中增加“loong”一词来对译汉语中的“龙”。这说明，人们越来越重视文化和语言之间的内在联系，力图从语言上来化解文化间的冲突与隔阂。

八、文化影响语用

在语用方面，文化和语言的关系也是紧密的、牢固的。比如，从亲属称谓来看，在汉语中，关于姻亲、血亲和辈分都有明显的区分，如：爸爸的弟弟和哥哥，妈妈的兄弟姐妹都有自己的称谓，而英语中，叔叔、伯伯、舅舅、姨夫统称为“uncle”。再如，中国文化讲究长幼有序、尊卑有别。因此在语言上也特别强调尊卑关系。在汉语中，询问老者的年龄必须使用“贵庚”“高寿”一类的词；询问比自己年纪小的或是同辈之人可以使用“你多大年纪？”“你几岁了？”等语句。然而在西方国家，它们的语言当中是没有这种尊卑观念的。在英语中，询问年龄不论老少只有一种方式，即“How old are you？”。

九、语言与文化是双向互动的

人类对文化的建构，离不开对客观世界的认识；对客观世界的认识，又离不开人在实践过程中所进行的一系列思维活动，而思维活动的物质外壳则是语言。作为思维成果的思想，自然也必须依附于语言这个物质外壳加以固定。只有如此，思想才具有可以感知的物质形式，并用来进行传播和交流。一旦个人的思想成为集体的财富，为大家所共享，这就形成了文化。当然，传播交流思想的媒介还可以是其他形式，如手势、符号、图画、音乐、舞蹈等，但这些媒介都有很大的局限性，就交际的广度与深度而言，都不能跟语言相提并论。由此可见，语言在文化的建构中所起的作用是多么重要。

再看语言对文化传承所起的作用。一方面，语言是文化的凝聚体，建构起来的文化系统大都储存在语言之中。人们常说的文化遗产、文化传统，主要是通过语言传承给后人的。换言之，后人通过学习前人的语言，也就同时学会了前人的文化。另一方面，人类还要不断地发展自己的文化，他们对客观世界的认识也永远不会停止。在认识世界的实践中，人们不可避免地要受到语言的巨大影响。这是因为，人们不仅接受了前人的语言文化系统，而且还被强制性地接受前人的语言进行思维。不同的语言凝聚着不同的文化信息，在运用不同的语言进行思维时，必然会受到不同语言及其蕴含的思维方式的制约，因此可以说，语言不仅在文化传承中发挥着独特的作用，而且影响着人类认识世界、发展文化的全过程。

语言在文化交流中的作用和影响同样是显而易见的。在人类早期的某些历史阶段中，有的文化确实是独立存在并传承的，但更为常见的却是不同文化是在不断碰撞、交流和相互影响的情况下发展的。特别是在交通、通信等科技手段飞速发展的当今世界，“地球村”“全球化”等词使用的频率越来越高，这意味着不同文化之间的相互碰撞、交流和影响也越来越剧烈。从发展的角度来说，这种情况恰恰为人类文化的演进与提升提供了前所未有的机遇。假如一种文化闭关自守，与其他文化圈虽“鸡犬之声相闻”，却“老死不相往来”，那就只能加速它自身的衰败乃至消亡。

不仅语言对文化有很大影响，文化对语言的影响也是显而易见的。有关文化对语言、语音、词汇、语用和语言交流等方面的影响，许多论著都有专门的论述，这里不拟细说，只谈一下不同的文化特点往往会导致不同的语言特点，以窥见一斑。

生存环境是人类文化环境的一个重要方面，而生存环境对人们所使用的词汇就有很大影响。在某些语言中，表达某个事物可能只用一个词，而在其他语言中，可能会有很多个，这跟人们生存环境的不同有很大关系。比如，“雪”在因纽特人的生活中几乎无处不在，雪对于他们来说实在太重要了。尽管因纽特人的语言中并没有一个总括性的词表示“雪”这一事物，但他们却创造了大量描绘各种类型的“雪”的单词。在阿拉伯国家历史上，骆驼是一种非常重要的交通工具，所以在阿拉伯语中，与骆驼有关的词就多达400多个；而在汉语中，有关骆驼这种动物的词则只有一个；即使是在英语中，对骆驼的分类也只有单峰驼和双峰驼两个词。

在英语学习过程中，我们常常会有这种体会，有的词在不同的语言中可以找到完全对应的词，比如英语中的“pen”就是汉语中的“钢笔”，英语中的“bed”就是汉语中的“床”。但是，有时意义相对应的词在不同语言中的意义并不完全相同。以“知识分子”一词为例，在中国，它通常是指接受过高等教育的人，但在许多偏远地区，甚至中学生也被称为“知识分子”。但在欧美发达国家，“知识分子”只是指少数有高级学术地位的人，如大学教授，而不包括普通的大学生。再比如“干部”一词，在中国它所指的范围很广，既包括政府官员、企事业单位的领导，也包括国家机关和各级学校中的正式员工，代表着一种除工人、农民之外的特殊身份。但在英语中，“干部”一词的范围要小得多，仅仅指极少数的重要官员。这种情况，显然是受到了不同文化影响的结果。

另外，不同文化之间的交流，也会对语言产生明显的影响。如中国历史上佛教的传入，使大量佛教用语融入了汉语系统之中。诸如世界、如实、平等、现行、刹那、清规戒律、相对、绝对等，都是来自佛教的语汇，今天我们甚至感觉不到这些原本都是外来词。同样，一些具有代表性的汉语词，如“功夫”“太极”“饺子”等，也已被越来越多的外国人所接受，这跟中国的一些影视作品在国外的播映以及中餐馆遍布世界各地有关系。

文化是语言发展的动力，反过来语言的丰富和发达是整个文化发达的前提。文化的发展离不开语言，任何文化的传承和记载都是依靠语言来实现的，不同文化之间的交流和沟通也是通过语言这一手段进行的，可以说语言是文化发展的必要前提。语言的发展同样需要文化的推动，社会文化的进步可以带动语言的进步，语言体系的完善和丰富归根结底来源于文化的不断充实，如果没有文化这一动力，语言的发展恐怕将“寸步难行”。

文化的发展对语言同时具有促进作用，如随着科技文化的发展，科技语言随之产生了大量的新兴词汇，如“Wi-Fi 技术”“4G”“蓝牙”“安卓”等；而语言的发展丰富了文化的内容，新兴词汇的诞生又进一步为文化注入了鲜活的因素。

综上所述，语言是文化的一部分，语言时时刻刻都在反映着文化，文化也需要语言来承载，可以看出，文化与语言相互作用、相互影响。语言不能脱离特定的文化而单独存在，世界上每一种语言都反映着人类文化活动的痕迹。因此，语言与文化互为依存、密不可分。

第二章　英语教学的理论研究及其存在的问题

英语教学是高等教育不可或缺的一部分，现代英语课程是学生必修的基础课程。现代英语是外语教学理论的教学体系，以英语语言知识和应用技巧、跨文化交际和学习策略为主要内容，并结合了各种教学模式和教学方法。现代英语教学理念是大学英语教学发展的基础。

第一节　现代英语教学的内涵

一、教育与教学的定义

在研究现代英语教学的本质与定义之前，我们有必要先来了解一下什么是教育和什么是教学。

（一）教育的定义

教育对人类的存在与发展起着重要作用，这是因为教育既传承了人类的既有经验，又把单个的个人培养作为社会的组成部分。

“教育”一词在汉语中可以分为两个部分：“教”和“育”，它们分别有“上施下效”“使之为善”之义。然而，英语中的“education”（教育）则是指“导出”。教育的学术性定义是基于这一语义而形成的。

美国教育哲学家谢弗勒（I. Scheffler）认为，教育是“纲领性的定义、规定性的定义和描述性的定义”，并认为不同定义都在各说各话。法国学者米亚拉雷（G. Mialaret）则对教育进行了分类，即“教育作为机构的教育、作为内容的教育、作为活动的教育和作为结果的教育”。

德国学者雅斯贝尔斯（Karl Theodor Jaspers）指出：“教育是培养新生一代准备从事社会生活的整个过程，也是人类社会生产经验得以继承发扬的关键环节，主要指学校对适龄儿童、少年、青年进行培养的过程。”

中国的《教育大词典》认为，教育是“传递社会生活经验并培养人的社会活动”。学校教育则是“根据一定的社会要求和受教育者的发展需要，有目的、有计划、有组织地对受教育者施加影响，以培养一定社会所需要的人的活动”。

综合以上观点可知，教育是一种可以引导人类发展的活动。所以，教育的内涵必然涉及两个要素：引导与发展。引导说明教育是有目的的活动，“使之向善”是最根本的目的。引导还说明教育不是强制性的活动，也不可能强制。我们不可能强制学生掌握知识、技能、价值观。发展是指学生的发展。教育能否最终实现其目的，主要在于学生是否得到与所设定目标一致的发展。

（二）教学的定义

教学是教育的重要因素。它既是一个基本因素，也是一个复杂的因素。研究教育必须要了解相关的教学概念。

教育与教学之间最基本的关系是：教学是一种教育活动。对于教师来说，教学是指导学生学习的教育活动；对于学生来说，教学是在教师指导下进行的一项学习活动。这些活动是教师引导学生以有目的、有计划和有组织的方式学习的活动。学生是否得到发展是教学是否实现目标的关键。教学也是师生互动的过程、教师教学的过程以及学生在学习过程中学习和发展的过程。教学是学生在教师的指导下掌握知识和技能、培养能力、培养身心、形成相关的情感态度和价值观的过程。教学需要教师和学生的参与，这是教师和学生教学和学习的共同活动。没有教师的教学计划，就没有教学活动，但更重要的是，如果没有学生积极学习，教学活动也就没有意义。因此，从师生互动的角度来看，教学应该是师生互动的一种互动活动。

教学是一种有目的的互动，因为教学是学校教育中最重要的教育活动，并且有一个非常明确的目标。虽然不同学科的教学有共同的教学目的，但它们也有自己的教学目标。

教学需要特定的内容。教学是某些知识和技能的传递，它也是人类生存经验的传递。教学中的知识、技能和经验反映在具体的课程内容和教学内容中，因此教学内容也有不同的层次。

教学中最引人注目的特征是系统性和程序化。这是因为教学是学校教育中一项系统的活动，主要体现在课程计划和教学计划上。当然，这种制度的计划主要由教育行政部门、学校和教师的长期思考构成。

教学的实施必须使用一定的教学方法和一些教育技巧。教学具有非常深厚的历史沉淀，形成了大量不断变化和发展的有效方法。现代科学技术，特别是信息技术的发展，提供了可用于教学的各种教育技术。

二、英语教学的根本

显然，英语教育既是语言教育，也是文化教育。一般而言，语言教育旨在培养学生使用语言的能力。

对于中国学生来说，英语是一门外语，英语教育是一门外语教育。英语不仅仅是一种语言，而是文化的载体。可以得出结论，英语教育也是一种文化教育。基于外语知识的外语教育可以更有效地培养学生使用外语的能力。因此，作为一种语言教育，英语教育的本质是培养学生的英语运用能力。

第二节　英语教学实施的理论基础

一、比较语言学

19 世纪，在语言研究的内部发展需要的影响下，在比较解剖学、生物科学和其他自然科学等因素的影响下，语言学家开始将语言作为一个独立的对象进行研究并形成历史。因此，比较研究方法形成了语言学史上第一个相对独立的学派，即历史比较语言学。历史比较语言学是两种或两种以上语言的结合，用于同步语言的历史发展的不同阶段的同步比较或历时比较，以找出发音、词汇和语法的差异。利用比较的方式不仅可以研究相关语言之间的结构亲缘关系，找出它们共同的母语，或了解每种语言的特点，促进语言教学，还可以找出语言发展和变化的轨迹，以及导致语言发展和变化的原因。比较语言学起源于 18 世纪的欧洲，并在 19 世纪被广泛用于印欧语言的研究，取得了很好的成果。

二、社会语言学

语言是人类社会的一种特殊现象，也是最重要的交流工具。语言离不开社会，语言学与社会学密不可分。人类语言的发展与社会发展相互依存、密切相关。语言不能离开社会而独立存在；没有语言，人类社会就会停滞不前。虽然人类具有语言的生理本能，但当他们离开社会环境时，他们将失去这种本能，即语言习得离不开社会。社会语言学是一门研究语言和社会的相互关系、互动和影响的学科。它指的是利用语言学和社会学的理论和方法从不同社会科学的角度研究语言的社会性质和差异的学科。社会语言学观点认为语言最基本的功能是语言的社会交际功能。海姆斯（Hymes）认为，社会化进程是儿童学习母语的最佳环境。这不仅使他们能够理解母语的习惯并讲语法句子，而且在某些场合和情境中也使用该语言。1996 年，海姆斯提出了“交际能力”理论。他指出，交际能力是指用语言进行社会交往的能力，包括言语行为的语法正确性和言语行为的社会分散性。

三、结构主义语言学

结构主义语言学认为语言是一个内部独立和自足的抽象符号系统，主要从同步性的角度出发，侧重于语音单位，如语音、词素、单词、短语、句子等在整个符号系统中的位置，并描述了它们之间的关系。索绪尔的结构语言学理论有两个主要影响。

一方面，索绪尔不仅系统地阐述了语言的象征性，而且阐明了现代语言学的研究方向。他还规定了语言研究的任务，即语言作为单位系统和关系系统的结构描述和分析，目的是揭示语言结构的共时特征和规律，从而理解语言的本质。在索绪尔的结构语言学理论的影响下，在 20 世纪 20 年代和 30 年代，语言学从历时研究转向了共时分析。语言学不仅出现在结构主义的三个主要流派（如哥本哈根学派、布拉格学派、美国描述语言学派），也启发并影响了其他学派，如伦敦学派、莫斯科学派以及后来的系统功能学派。

另一方面，根据结构主义的基本理论，索绪尔为语言制定了几个相互关联的二分法：语言和言语、共时和历时、内部和外部，并提出在各级语言中有两个要素。索绪尔的这些分析和反思不仅阐明了语言研究的范围，而且决定了结构语言学的方法论基础。

四、行为主义学习理论

行为主义起源于 20 世纪 50 年代的美国，而沃森（J.B. Watson）和斯金纳（B.F. Skinner）则是其代表。沃森认为，人类的行为和动物的行为有共同的因素，即刺激和反应。心理学应该只关心外部刺激如何决定反应，而不是内部行为过程。他还指出，动物和人的所有复杂行为都是通过在环境影响下学习而获得的。斯金纳在他的著作《言语行为》中提出了言语行为系统的行为主义观点。他认为人类言语和言语的每一部分都是因某种刺激的存在而产生的。这里的“某种刺激”可以是言语的刺激，也可以是外部刺激或内部刺激。关于斯金纳的条件理论，下面给出了一个非常恰当的例子，一个人口渴的时候会说：“我想要一杯水。”

五、人本主义学习理论

人本学习理论追求“以人为本”的理论宗旨。由于人本主义心理学与行为心理学和精神分析学派的理论兴趣和思维方法不同，心理学界认为人本主义心理学是心理学的“第三力量”。人本主义学习理论的观点有以下四点：

（1）人本主义学习理论强调人的价值，重视人的意识所具有的主观性、选择能力和意愿。

（2）人本主义学习理论认为，学习是人的自我实现，是丰富人性的形成。

（3）人本主义学习理论还提出，人际关系是学习者有效学习的重要条件，它在学与教的活动中创造了“接受”的氛围。

（4）人本主义学习理论强调，学习者是学习的主体，应该得到尊重，任何正常的学习者都有能力教育自己。

总之，语言学习既离不开教师对语言知识的传授，又离不开大量的语言实践活动；学习语言的目的是交流信息、沟通思想，因而教师与学生面对面的语言交流和互动才是最有效的学习途径。由于情感因素是人本主义学习理论的最大特点，所以教师在语言教学中，要坚持以学生为中心，突出学习过程和自我实现的价值，认真贯彻“以人为本”的原则。

六、发生认识论

瑞士著名心理学家皮亚杰（J. Piaget）在20世纪60年代初提出并创立了发生认识论，他综合运用哲学、心理学、逻辑学、生物学等基本理论，研究什么是知识、知识的来源和知识形成的条件，侧重于个人发展和知识的历史发展。目的是建立一个综合认知发展理论，整合个体发生和系统发育的数据。认识论关注的是如何形成和发展研究知识。

七、建构主义理论

建构主义理论是从学习的认知理论发展而来的。它从认识论的高度提出了认知的建设性原则，强调认知的主动性。建构主义的代表人物有：皮亚杰、科恩伯格（O. Kornberg）、斯滕伯格（R. J. Sternberg）、卡茨（D. Katz）、维果茨基（Vogotsky）等。在皮亚杰的“认知结构理论”的基础上，科恩伯格进一步研究了认知结构的本质和发展条件；斯滕伯格和卡茨强调，人体的主动性正处于构建认知结构的过程中，强调了个体在认知过程中的作用，以及学习者在认知过程中的社会文化和历史背景的作用。这些研究进一步丰富和完善了建构主义理论，为理论更好地应用于教学创造了条件。

建构主义理论的基本思想是学习要求在教师的指导下坚持以学生为中心的原则。换句话说，该理论主张学生是信息处理的主体，是意义的积极建构者。教师是学习意义建构的帮助者和促进者，而不是知识的灌输者。直到20世纪90年代，随着科学技术的飞速发展，多媒体和网络技术为建构主义理论学习环境提供了技术支持，使建构主义学习理论教学设计思想得以实现。

八、二语习得理论

作为一门独立的学科，二语习得理论真正形成于20世纪70年代。该理论的主要代表人物是美国南加州大学语言学系的教授克拉申（S. Krashen）。克拉申是在总结自己和他人经验的基础上提出的这一理论。该理论共包含了五个假设，即习得 / 学习假设（the acquisition/learning hypothesis）、自然顺序假设（the natural order hypothesis）、监控假设（the monitor hypothesis）、情感过滤假设（the affective filter hypothesis）和输入假设（the input hypothesis）。

（一）习得 / 学习假设

根据习得 / 学习假设，培养外语能力主要有两种途径：习得和学习。习得是一种自然的方式，它是一种不被察觉的过程；学习者在有意义的交际中，通过对语言的理解和使用，自然地形成使用语言的能力。而学习则是一种有意识地学习语言规则的过程。学习的目的是弄懂语言知识，并能表述出语言的规则。正确的学习方式能促使学习发生，对错误的纠正有利于弄懂规则，但学习不能导致习得。

对“习得”和“学习”的区分，以及对它们各自在习得者第二语言能力形成过程中所起的作用的认识，是克拉申理论的出发点和核心。在习得 / 学习假设中，克拉申将学习和习得明确地分开，他将习得看作在学习者无意识的状态下获得语言的过程，学习是学习者有意识地通过课堂学习等方式获得语言的过程，甚至可以说，习得和学习的知识处在大脑的不同部位。

（二）自然顺序假设

研究发现，正如第一语言习得一样，第二语言习得也揭示出一种可以预见的顺序习得语言规律。学习者对某些规则掌握的快慢并不仅仅由规则的简单或复杂决定，即最简单的规则不一定是最先习得的规则。即使在第二语言教学的课堂上，同样存在这种自然顺序。无论是否接受正规课堂教学，外语学习者总是以一种大致相同的顺序来习得第二语言。如英语的一般现在时中，动词的第三人称单数要加“s”，这个规则十分简单，但即便高水平的第二语言习得者在其语言产出中也往往无法正确地使用它。

（三）监控假设

监控假设与习得/学习假设有着密切的关系，它体现了语言“习得”与“学习”的内在关系。语言习得系统（潜意识语言知识）才是真正的语言能力，而语言学习系统（有意识的语言知识）只在二语运用时起监控或编辑的作用。这种监控作用既可发生在语言输出前也可能发生在其后。

需要指出的是，监控能否发挥作用还要取决于三个条件：

（1）要有充足的时间。

（2）必须将注意力放在语言形式的正确性上。

（3）需要知道如何运用规则。

（四）情感过滤假设

“情感过滤”是一种内在的处理系统，它在潜意识上以心理学家们称之为“情感”的因素阻止学习者对语言的吸收，它是阻止学习者完全消化其在学习中所获得的综合输入内容的一种心理障碍。

（五）输入假设

输入假设也是由克拉申提出的重要的语言习得理论。他认为，只有习得者接触到“可理解的语言输入”，即比现有的语言技能水平略高，而他又将注意力集中在对意义或对信息的理解而不是对形式的理解上时，才能产生习得。这一理论的公式为：i+1（i 表示习得者现有的语言技能水平，1 表示略高于习得者现有水平的语言材料）。

克拉申的输入假设和斯温纳（Swain）的输出假设是从两个不同的侧面来讨论语言习得的观点，都有其合理成分，都对外语教学有一定的启示。与克拉申的输入假设不同，斯温纳认为，输出对二语习得的影响更大。斯温纳根据自己的“沉浸式”教学实验，提出了输出假设。他认为语言输入是二语习得的必要条件，但不是充分条件；要使学习者达到较高的外语水平，除了靠可理解性输入，还需要可理解性输出；学生需要被迫利用现有语言资源，对将要输出的语言进行构思，保证其更恰当、更准确，并能被听者理解。这样既可以提高学习者语言使用的流利程度，又能使他们意识到自己在使用语言的过程中存在的问题。因此，在外语课堂教学中，教师应给学生足够的时间和机会使用语言，以提高他们使用语言的流利性和准确性。

第三节　英语教学应遵循的原则

一、激发学生的兴趣

兴趣是最好的教师，在英语学习中尤其如此，因为中国学生学习英语大多都是在课堂上进行的，如果没有兴趣，无论教师教得多好，学生也不会有好的学习效果。可以说，英语学习的兴趣在很大程度上决定着英语学习成功与否。学习者对英语学习的兴趣来自学习英语的目的、学习活动本身以及由此带来的自信心和成就感。具体来说，英语教师想要激发和培养学生学习英语的兴趣，可从以下几个方面做出努力。

（一）将学生真正感兴趣的问题作为课堂教学素材

为了激发学生学习英语的兴趣，教师可以负责发现和收集学生感兴趣的问题，并将这些问题作为设计课堂活动的材料。例如，在英语教学初期教英语字母时，可以安排英语字母体操来调动学生的兴趣；在教授数字时，可以要求学生收集自己家中的所有数字。这项活动与学生生活密切相关，学生会感受到更多兴趣，这将是激励学生学习英语的好方法，可以使一个无聊的数字课堂生动起来。

（二）善于发现学生的进步

通过这种方式，可以培养学生的自信心和成就感。对于学习者来说，学习的效果可以在很大程度上保持他们对学习的兴趣。在英语教学中，教师通过奖励激励、任务激励、荣誉激励、信任激励和情感激励来鼓励学生的进步，使学生积极参与、大胆实践、体验成功的喜悦，从而在这种动机中逐渐培养学生的学习兴趣。

（三）保证教学的内容和活动能让学生感兴趣

教材在英语教学中的地位起着重要作用。为了最大限度地发挥学生的积极性，教师可以认真学习教材，探索教材中的兴趣点，减少课本的枯燥，保持每节课的新鲜感。

（四）在英语教学中要避免太过强调死记硬背

某些死记硬背和机械练习活动在基础英语学习中不可或缺，但要注意这类活动不应过多。过度的机械练习很容易导致严格而无聊的教学，从而降低或损失学生学习英语的兴趣。因此，在英语教学中，应努力创造知识内容、技能实践和学习策略所需的语境，以培养学习者的英语学习思维，帮助他们加快英语知识的内化过程，使他们能够灵活运用。听、说、读、写的知识和技能最终使英语知识成为交流的工具。通过这种教学，学生不仅可以提高他们的英语沟通能力，还可以提高他们的整体素质。通过良好的学习成果，学生对学习的兴趣也将得到巩固和加强。

此外，传统的应试教育中的英语评估方法会对学生学习英语的兴趣产生负面或抑制作用。为避免这种负面影响，应逐步改变评估方法。基础英语课程的评估应基于形成性评估。在通常的教学活动中，学生的操作方式也应该是共同的，要注意学生的态度、参与积极性、努力程度、沟通能力和合作精神。除了形成性评估之外，学习者不同阶段的考试可以改为通常的书面考试形式，结合书面和口语测试。这两种方法所研究的知识点是不同的，但两者的结合可以使教师更全面地了解学生的英语学习。具体来说，笔试主要考查学生的听说能力和初始写作能力，口语测试主要考查学生的实际语言应用能力。

二、课堂教学的灵活性

一般来说，人们喜欢并接受新事物，而对于刚性机械的内容，很容易失去兴趣。由于语言本身是一个动态的、不断发展的开放系统，英语教师必须遵循教学的灵活性原则，具体体现在以下两个方面。

（一）灵活地运用教学方式

在英语教学发展的历史中，有许多不同的教学方法和类型，如语法翻译教学法、听说教学法、情境教学法、交际教学法等。应该说每种方法都有自己的优势和不足。面对众多的教学方法，教师应学会兼收并蓄，避免坚持所谓的流行教学方法。教师应该知道，英语教学包括语言知识和语言技能。语言知识包括语音、词汇、语法等。不同的语音、不同的词汇和不同的语法项目具有不同的特征。语言技能不仅包括听、说、读、写，还包括许多微技能。学习者的个体差异也非常不同。因此，在英语教学过程中，要整合学生的特点、教学内容和教师，创造性地开展各种教学活动，充分体现教学方法的多样性和创新性，使英语课堂新鲜有趣，从而激发学生学习英语的热情，培养学习兴趣，挖掘学生的潜力。

（二）灵活地使用语言

在英语教学中，应鼓励学生参与教学，用英语实现目标、实现愿望、体验成功、感受快乐。作为一名教师，为了促进学生积极使用英语，他们可以利用自己运用英语的灵活性为学生树立榜样，同时培养应用英语的氛围。此外，教师还可以安排灵活的家庭作业，让学生在课堂上灵活运用英语。

三、交际性原则

语言是人们用来交流思想的工具，英语学习的目的在于运用英语进行交际。这就要求英语教师将英语作为交际工具来教，活跃课堂气氛，提高学生学习效率，让学生能学以致用，逐步用英语交流。然而在英语教学中，教师面临着很多难题，如学生的英语基础存在差距、学生学习缺乏积极性和主动性，这就造成了一些教师的教学方式单一，如采用灌输式，教给学生很多语法知识以应付考试，学生虽然掌握了一些常见词汇和基本语法，但不能将所学的英语知识运用于生活实践中，这就违背了英语学习的根本目的。而英语教学的目的是培养学生运用英语进行听说读写的能力，让学生真正掌握英语这个交际工具。因此，教师在工作中处理教材、选用教学方式时，一定要遵循英语教学中的一个基本原则——交际性原则。

（一）交际性原则要贯穿于教学过程中

英语教学中的交际性原则，是指教师把英语作为交际工具来教，学生把英语作为交际工具来学，学生在课堂内外把英语作为交际工具来用。教师在开展教学活动的时候，要力求英语课堂教学交际化。在教学中，要将教和用统一起来，首先考虑学生能用什么和要用什么，根据学生的需要来教，而不是单纯地教英语知识，要通过师生间的互动积极操练，让学生在学习英语知识的同时，掌握用英语交际的能力。

早在 20 世纪 70 年代，在欧洲兴起了一种新的教学法——交际法（Communicative Approach）。该法重视培养学生的言语能力，用外语进行交际的能力，强调句单位教学，主张通过句型教学加情景教学来学习语言的用法。结合目前英语教学现状来说，教师在教学中要尽量运用多种教学手段，给学生创造适当的情景，让学生模拟现实生活中的一些情景用英语进行交流。例如，在以面试为内容进行听说教学时，可以先讲授对话中出现的单词和短语，让学生了解了相关的词汇后，再加以反复操练，直到学生能自己运用这些词汇。列举和对话相关的句型：“May I know your name？ How old are you？ What do you do？”这些句型要在师生之间、学生之间反复练习，可以采用问答的方式，直到学生能运用自如。在学生掌握了基本词汇和口语句型后，教师设立一个面试的场景，让学生身处其中来模拟一个新的对话，提醒学生用到之前所学的单词和句型。这样，学生不仅学得有兴趣，而且掌握了当堂的知识点，并能将新知识为自己所用。可见，使用英语交际是英语教学的中心问题，要贯穿于整个教与学的过程之中。

（二）将英语作为一种交际工具来教

英语是一种交际工具，英语教学的目的是培养学生使用这种交际工具的能力。使用交际工具的能力是在使用当中培养的，因此教师要把英语作为一种交际工具来教，而学生要把英语作为交际工具来学，教师和学生在课上课下都要积极使用英语进行交流。

在英语教学中，教师或学生并不是单纯地教知识或学知识，而是通过操练，培养或形成用英语进行交际的能力。教师要尽量利用教具为学生创造适当的情境，协助学生进行以英语作为交际手段的真实的或逼真的演习。这样学生不仅学得有兴趣、有成效，而且能真正学到英语的用场，学了就会用。

学生用英语进行交际的能力就是这样一点一滴、由小到大逐步培养起来的。从学习英语的第一天起就这样做，教师和学生都不会有太大的困难了；其后一直坚持下去，循序渐进，到了高年级，教到比较复杂的故事课文时，教师利用连环画或其他方法一段一段地教下去。通过反复的口头、笔头训练，也不难使学生在课堂上用英语叙述故事的梗概，而且回到家也可以用英语把故事讲给家里懂英语的人听。

（三）在教学中灵活创设交际情境

要想让学生具备使用英语进行交际的能力，使学生能够在适当的地点和时间，以适当的方式向适当的人讲适当的话，就应在英语教学中创设情境，开展多种形式的交际活动。众所周知，利用语言进行的交际总是发生在特定的情境之中。情境包括时间、地点、参与者、交际方式、谈论的题目等要素，在某一特定的情境中，某些因素，如讲话者所处的时间、地点以及本人的身份等都制约他说话的内容、语气等。而且，在不同的情境中，同样的一句话也可能表达不同的意义和功能。例如，“Can you tell me the time？”这句话可能表示的意思就有两种：一是向别人询问时使用，是一种请求的语气；二是可能表示对他人迟到的一种责备。因此，在英语教学中，要把教学的内容置于有意义的情境之中，这样才有可能让学生充分理解每一句话所表达的意思。

在一定的情境之中进行的英语教学，还可以使学生身临其境，提高学生学习英语的兴趣。因此，教师在教学过程中要充分结合教材内容，利用各种现有的教具，开展各种情境的交际活动，这样对学生和教学都会产生有利的影响，收到不错的教学效果。此外，教师也可以设计任务型活动，让学生通过完成特定的任务来获得和积累相应的学习知识与经验，需要注意的是，这些活动需要具有交际的性质，才利于交际目标的完成。

（四）语言知识讲授和语言实践结合

英语教学中常常会要求讲练结合。讲是指讲授语言知识，练是指进行语言实践。前面说到的英语交际能力就是在语言实践中培养出来的，这体现了英语教学的实践性。适当讲些语言知识，可以帮助学生进行练习。讲练是相辅相成、相互作用的，但是讲练的地位是不同的，要做到精讲多练。在英语课上讲授语言知识要占用一定时间，但是课堂上必须以语言实践为主。而语言讲授的内容、方法、难易度都是由语言实践的需要来决定的。

英语学习有个误区，很多学生认为掌握了语法知识就是学会了英语。在学生所学的语言知识有限的情况下，学习语法知识对提高学生英语水平帮助不大。而随着教师讲授的语言知识增多，学生理解的词句增多时，学生才能从一些语言材料中总结出一些语法规则。学生不是单个地去学习单词或句子，而是从一个句子中看到词与词之间的联系，从而能掌握同一类型相似结构的句子。教师在教学时，还是要注重知识的讲授，通过练习，让学生掌握了知识后，再去发现语法规则。学生学会自己去发现问题和解决问题，养成一定的自学能力，这也体现了语言的实践能力。语言专家曾提出：人有学会语言的天赋。对这句话人们有不同的理解。有人理解为人只要通过相关的刺激都能学会语言；有人则理解为人有学习语言的天赋，而动物没有，人相比于动物有更高度的思维能力。在学习语言上，尤其学习外语还要多依靠人的思维能力。前面提到英语教学中的精讲多练，指学生主要通过语言实践来学习语言。但随着学习向前推进，学习的内容越发复杂，适当讲授一些语言语法知识促使学生多发挥思维理解能力是有必要的。因而在教学中，教师要将语言知识讲授和语言实践恰如其分地结合起来。

（五）选择教学内容与活动时结合学生的生活

在进行英语教学时，现实生活这个因素也是需要考虑的，因为语言总是与现实生活密切联系的。因此，在英语教学中，教师应把语言和学生所关心的话题结合起来，给学生提供足够的、内容丰富的、题材广泛的、贴近学生生活的信息材料。这样的材料由于具有一定的现实性，因此容易使学生产生共鸣，从而调动学生的兴趣，也能促使他们认识到学习英语的目的在于交际，而不是应付考试。例如，在教关于交通工具的词汇时，教师可以联系学生的出行方式，引导学生去想自己每天是如何到学校的。根据学生的回答，如步行、骑自行车、坐公交等，导入 on foot、by bike、in a bus 等单词与短语。又如，在高校英语教学过程中，教师可以结合学生毕业后面临找工作的问题，训练学生撰写简历、通知等的能力。

四、重视文化原则

学生学习英语不仅仅是学习单词及其语法，同时也是在学习语言文化。语言既是文化的一部分，也是文化的重要载体，因此文化教学理应成为语言教学的重要组成部分。重视文化原则需要教师做到以下两点。

（一）加强文化知识的传授

教师在强调学生基础知识积累的同时，应该贯穿英语交际能力的培养，注意英语文化知识的传授。例如，在课堂上讲授有关文化的知识，鼓励学生利用课堂、课外进行练习和巩固。积极举办英语“沙龙”活动或进行英语演讲比赛、话剧表演、开展英语讲座、听报告、听广播、看录像等，培养学生在实际中运用语言的能力和技巧，提高学生的听、读、写、说能力，增强学生的知识积累。

（二）利用教材渗透多元文化

在教材的处理上，教师可以结合课本内容，不断拓展，引出相关的文化信息。词汇是语言中最活跃的成分，也是最大的文化载体之一。因此，在平时的教学中，教师应注意介绍英语词汇的文化意义。英语中有许多词汇来自神话、寓言、传说，或是与某些名著有关。了解这方面的文化知识，有助于学生对英语词语的理解和掌握。例如，在英语中“dog”（狗）是人们生活中的重要伙伴，甚至有时直接泛指人。于是就有了“Every dog has his day”（凡人皆有得意日）；“You are a lucky dog”（你是个幸运儿）等说法。在汉语里，用狗比喻人多带贬义，如“癞皮狗”“走狗”“狗腿子”等。另外，由于环境、历史和文化的不同，在表示相似的比喻或象征意义时，英语和汉语会使用完全不同的颜色词，如”blue pictures”（黄色电影）、“green hand”（没有经验的人）等。

在语法教学中，教师也可以结合多元文化进行讲授。教师可以通过适当的英汉语言对比，启发学生讨论，增强学生的学习兴趣，增加信息量，扩大知识面，帮助学生牢固地掌握英语语法，提高他们运用英语的能力。例如，在总结名词复数形式时，变化规则中以“o”结尾的名词，一般情况下在词尾加“es”构成，但是，由于英国多次受到外来种族的入侵，英语词汇中有很多外来词汇，如 tobacco，piano 等，变复数时在词尾加“s”。

第四节 当前英语教学中存在的问题

一、教学模式传统单一

大学英语教学方式传统单一会造成两个不良后果：一是使学生失去学习兴趣和信心，产生厌学情绪；二是过分强调教师的主导地位，加重教师的负担。从大一开始培养学生的英语学习兴趣非常重要，刚入学的大学生充满着憧憬和激情，希望自己能在大学生活中获得更多的知识和能力。在英语学习上更是希望能说出一口流利的英语，能与外国人进行沟通交流。

然而，实际情况是所有的非英语专业的大学生必须在两年时间内学完大学英语的课程，时间紧、任务重，教师以完成教学任务为主要的教学目标，在课堂上仍然讲单词、分析句式、朗读课本，这种强烈的反差导致大学生一开始就对英语的学习失去了兴趣，自然就会产生厌学的情绪。传统的大学英语课堂，教师的教学压力大、任务重，在教学过程中，说、写、读都是教师一个人在做，这不仅增加了教师的教学负担，还忽视了师生的互动，导致学生的主体地位的缺失。

目前大学英语的教学模式仍是教师在讲台上讲、在黑板上写，学生在下面听，有时候教师会应用多媒体进行教学，但也仅限于做课件，变化不大，收到的实际效果也不是很理想。在课堂上，师生缺乏互动，课堂气氛沉闷，学生主体地位缺失。教师是学生学习的促进者，这是新课改对教师角色扮演的新要求，新课改要求教师把重心转移到提高学生的学习能力上来。首先要求教师要改变过去过于强调知识传输的倾向，原先课堂教学的主要方式是灌输训练，在这样的教学模式下，教师是知识的权威，控制着知识和信息的传播内容和传播方式，学生始终处于被动的地位。这些就导致了在课堂教学中学生的主体性地位缺失。

二、仍以应试能力培养为主

现代英语教学的一个基本目标就是应试教育。为了检验学生对英语学习的掌握程度，我国大学每年举行各种各样的英语选拔考试，其中最著名的是大学英语四、六级考试。考试本身其实具备的是两种功能，一种是评价功能，另一种是选拔功能，但是现在的英语考试主要是为了实现选拔功能。在大学英语教学中，这一点主要体现在四、六级考试上，虽然四、六级考试的设置为提高大学生的英语水平和英语能力做出了很大贡献，但是，四、六级考试主要是考查学生英语单词、语法等的掌握程度，将选择题作为标准化的测试方法，将四、六级通过率的高低作为评价教师和学生的一个重要标准，在某种程度上助长了应试教育的风气。另外，为了应付这一考试，学生在英语学习过程中，追求的是标准的、唯一的答案，并认为课堂讨论、交流无法提供准确的答案，继而从心理上也会排斥交际活动，过度地依赖教师的讲解，从而逐渐丧失了思考以及创新的能力，致使学生掌握了很强的应试技巧，却没有任何的交际素质。

三、教学方法科学性不足

随着社会的发展，社会对外语人才的需求会有所变化。因此，学校培养外语人才的模式也会有所变化，而教师的教学方法也应该有所改变。但是，目前我国大多数高等院校仍然以黑板、粉笔、书、教师加课堂的方式进行英语教学，虽然近年来多媒体技术逐步应用到大学英语教学中，但总的英语教学模式变化不大。由于资金、师资有限，我国学校的班级大多规模大，学生数量多，教师只能采取教师讲、学生记的教学模式进行英语教学。换句话说，就是教师讲讲语法、翻译、课文，再让学生进行一些笔头练习，基本上没有为学生提供口语练习机会；学生则专注于听教师讲课、记笔记，课后背笔记。这种已经沿用了多年的传统的教学模式似乎很难改变。另外，随着学生数量的不断增加，师生比例也越来越小，而每个班级的学生数量不断增加，引起的后果是教学方法也就越来越传统，进入了一个严重的恶性循环的状态。学生来自全国各个地方，有的来自城市，有的来自农村，而不同地区的教学水平又存在很大差异，因此学生的英语基础水平也存在很大差别。如果教师要照顾学习成绩好的学生，学习成绩差的必然跟不上；如果教师要照顾差的学生，从基础知识开始教起，那必然也会影响学习成绩好的同学的成长。可见，目前的教学内容众口难调，教师很难照顾到不同水平、不同类型的学生。即使是有条件实施小班教学的学校，大多数教师仍然倾向于采取传统的讲授方式，单调的授课方式无法调动学生的学习积极性，也就难以有效提高教学质量和教学效果。如果仅仅依靠教师讲解，学生并不能掌握语言技能，只有通过不断练习、运用，才能掌握、提高英语语言技能。如果不练习，即使将语言知识记得再牢，也不会运用；如果不运用，即使学了很多东西，也会很快遗忘。培养学生英语的交际能力是一种习惯的培养过程，学生使用英语交际的习惯并非通过一两节课就可以培养起来的，而是需要长期坚持不懈地学习、运用，需要主动地、有意识地操练。然而，我国传统的教学方法无法为学生提供英语实践的机会，这是导致大多数学生空有语言知识却没有语言交际能力的主要原因。

四、英语教材编排难以满足现实需求

教材是教师教授课程的重要工具，一般情况下，教师都是根据教材的编排安排课堂教学，教材决定了教学内容和教学方向。然而，现在的大学英语教材几十年都没有变化，陈旧落后的教材根本跟不上时代的变化，而且与社会严重脱节，这种忽视实用性的教材直接导致了教师教学内容陈旧，进而影响了学生英语水平的提升。同时，落后的教材也与学生的实际生活相差甚远，从而导致学生对学习英语缺乏兴趣，直至把英语逐渐荒废。由此可见，设计出满足我国学生学习需求与教师教学需求的教材，是我国大学英语教学的当务之急。

目前，我国外语教学模式在一定程度上受到了教材的制约，而教材编写又受到大纲所附词汇的限制。具体来说，现在的大学英语词汇表是对原理工科本科用和文理科本科用的两份大纲一至四级词汇进行调整后所产生的新词汇表。但是这一新词汇表并没有充分考虑到学生离开学校后吸收先进科技信息、阅读和参与对外交流的需要。现有的适用于各专业的“共核语言”仍在低层次上重复。相比之下，同样是非英语国家的日本、俄罗斯等，对学生英语要求的词汇量则要大得多。此外，在《大学英语教学大纲》规定的要求掌握的4200个单词中，事实上有1800个是重复中学词汇。许多类似father、mother、dog、cat等这样简单的单词仍旧出现在了大学课本的词汇表中。

新的词汇表是选择外语教学内容和编写教材的依据，是外语教学的“联络图”。大学英语教学的词汇表应根据我国目前的基本国情并针对我国现代大学生学习英语的主要目的进行编制，其所收录的词汇相对于中学词汇应该是全新的，至少在释义上要在中学词表的基础上有所延伸和拓展。此外，我国当前大学生学习英语的主要目的应该是满足他们及时了解国外最先进的科技信息以及参与对外交流的需要，这就要求大学英语教学内容不应仅仅考虑选择传统的经典名篇，还应从人文和科学这两个层面来进行充实。

五、大学生英语口语和文学阅读能力不高

随着我国市场经济的发展，社会上需要既懂商务又能熟练应用英语的人才，很多企业和行业在招聘时除了要求应聘者业务能力强，取得英语四六级证书外，还要求应聘者能够熟练地用英语进行表达和沟通。

然而，大学生们从中学到大学，英语考试只考笔试，从不重视英语口语的学习，因为考试对于英语口语没有硬性要求，练不练口语对升学没有什么影响，因此，从学校的角度就忽视了英语口语教育这一环，学生学了几年英语之后，还是不会张嘴说英语，仍然缺乏使用英语的口头交际能力。

六、对学生的主体作用重视不足

长时间以来，现代大学英语沿用的是以教师作为中心的原则，即教师是教学的主体。在实际的课堂教学之中，教师会提前认真备课，然后在课上将提前准备的内容灌输给学生，因此教师的讲解就占去了学生的大部分时间，这样无法给学生提供大量的实践机会，并且使学生成了语言知识的消极的接受者。

和其他的学科不同，英语是一门很注重实践的学科，其他的语言知识技能需要通过个人的实践来进行培养和提高，因此英语的教学效果也应该以学生的学习效果作为依据，而这里所说的学生的学习效果在很大的程度上取决于学生的参与性和主观能动性。认知语言学的理论学派认为，英语学习的过程其实是不断结合新的语言知识的过程，也是将语言能力从理论知识过渡为自动应用能力的过程，而期间的结合和过渡都必须通过学生的自身实践活动才能得以实现和延伸。

综上所述，课堂教学必须发挥学生的主体作用，但是并不意味着抹杀教师的作用，教师应该在教学活动中充分调动学生的积极作用，运用有效的技巧和策略来组织以学生为中心的课堂活动，使整个课堂活动生动活泼。同时，教师应该发现学生学习中的某些困难，及时地为他们排忧解难，努力使自己成为学生学习中的引路人。换句话说，教师应该起着管理者、组织者、合作者、鼓励者以及解惑者的作用。这样就克服了现代大学英语教学中的以教师为中心的模式下培养出来的学生所具有的被动性、盲目性、依赖性以及机械性，从而使学生成为学习真正的主人。

七、忽视文化教育的重要性

文化与语言二者是相互影响、相互制约的。语言是用来传承文化、记录文化以及反映文化的，如果个别的民族在发展中失去了自己的语言，即使他们的文化可以用其他的语言来进行记录，但是文化中的大部分内容也会随着语言的消失而逐渐消失。可见，语言是文化的重要组成要素。反过来说，文化也会影响语言的发展，文化的动态性会导致词汇、语法的变化。文化可以创造词汇、语法，同时这些词汇、语法也记录了当时的文化，并且能够反映当时的文化特征。总之，文化影响语言的结构和含义。英语教学不仅要培养学生的语言能力，而且还必须培养学生的社会文化能力，使学生可以成为跨语言、跨文化交际的人才。在现代的大学英语教学之中，出现了重视培养语言能力，而忽视文化素质的现象，导致学生文化知识受到了限制，并引起了交往中的文化障碍。

八、教师专业素养不足

提高学生的英语综合素质，很大程度上取决于教师的专业水平和职业素养。有些教师的教育观念比较落后，习惯于传统的教学模式而不愿意做出改变，这也是大学生英语课堂沉闷没有成效的一个重要原因。

而且近几年大学扩招，公共英语课教师的授课任务变得十分繁重，根本没有时间和过多的精力进行英语教学改革，大学教师在授课的同时还要写文章、评职称，超负荷的工作任务使他们很难进行自我充电和进修学习。

九、英语教学中的多媒体技术应用不足

在传统的大学英语教学中，教师、学生、教材、教学方法、教学环境与教导媒体是实施教学的基本要素，教师主宰和控制着其他要素。在课堂教学中，教材几乎是教师唯一的教学辅导，课堂中缺乏有效的辅导教学手段，教材的利用率很高，静态的教材难以激发学生的学习热情和兴趣，致使教学效果较低。随着科技的发展，教学媒体逐渐运用于大学英语教学中，促进了英语教学的发展。

近年来，多媒体课件逐渐被用于辅助大学英语教学，使教师和学生在教学活动中的角色发生重大变化。在多媒体教学课堂中，有了精心制作的、交互式的多媒体课件，教师有更多的时间和精力引导学生正确参与交互活动，观察和监督学生学习过程中遇到的问题并给予建议，还可以根据学生在多媒体课堂上的活动参与情况及师生间的交流对学生给予评价，从而更好地激发学生的学习兴趣。使用多媒体教学，可以利用音频、视频系统将教学内容和图、文、声、像结合起来，在教室任何一个角落，学生都能够听清楚、看清楚教学内容，都有机会参与到课堂活动中去，这样他们的注意力就会集中于课堂活动中。总之，多媒体教学不仅使教师的角色从课堂讲授者转化为课堂的引导者、监督者和评估者，也使学生的角色由知识的被动接受者转化为语

言知识的主动运用者、实践者。但是，在我国大学英语的实际教学中，只有部分学校能够实现多媒体教学，而大部分学校仍由于教学设施简陋而无法实施多媒体教学。即使是实施多媒体教学的学校，英语教师也没有充分利用多媒体教学的优点，致使多媒体的运用只是流于形式，没有达到提高教学效果的目的。因此，对教学手段和技术的改革还任重道远。

第三章 语言文化视域下的文化差异与英语教学

语言与文化有着相互联系、彼此促进的关系，二者不可分割。而英语作为一种语言，其教授过程中必然会涉及文化方面的内容。众所周知，中西方不同地域导致了英汉语言以及文化存在着很大的差异性，这种差异性对英语教学有着不可忽视的影响作用。因此，在英语教学的过程中一定要重视文化知识的传授。

第一节 英汉在语言上的差异表现

一、英汉在词语上的差异表现

词语是语言的基础，中西方文化上的不同在词汇方面也有所反映。我国传统的英语教学往往十分重视词汇、基本的语法、语音语调知识的传授，以为只要掌握了这些语言基础知识，就是掌握了英语，就能用英语进行交流，以致在教学中忽视了语言所蕴含的文化背景知识的重要作用。结果导致学生虽然有很丰富的词汇量，具备较好的语法知识，却常常出现造句准确但使用失当的现象。也就是说，学生虽然具备良好的语言基础知识，但由于缺乏对语言文化背景的认识，因此仍旧缺乏在不同场合恰当地使用语言的能力，缺乏跨文化交际的能力。

由于缺乏对英语词汇文化内涵的了解，学生在听、说、读、写各个方面都受到很大的制约。例如，有些学生在阅读文章时，虽然每个单词都懂，却不明白整个句子的意思，不理解整篇文章说的是什么。尤其是遇到一些不熟悉的或与异国文化背景知识相关的材料时，阅读难度就更大了。

英语国家的文化背景和我国很不相同，词语作为语言的一个基本而重要的组成部分，它的产生、发展、丰富和词义的演变与其社会历史文化背景是分不开的，所以对词汇的理解涉及有关英语国家的文化背景知识。如果学生对这方面的知识贫乏，理解时就会忽略文化差异，出现文化错误，在交流中造成误解。

中国是大陆民族，英国是航海民族。这种地理位置的差异会造成词汇之间的差异。例如，中国人常用“进退维谷”表示处境困难，而英国人则使用“between the devil and sea”。两种说法的含义相同，表达方式却不同。

二、英汉在语法上的差异表现

英汉两种语言在语法层面的文化差异主要体现在以下几点。

①在词形上，汉语基本上没有严格意义上的曲折变化，主要通过词序和虚词的使用来表达各种语法关系。而英语是拼音文字，词汇形态变化较多，例如名词的单复数、代词的主格与宾格形式、动词的时态变化等。英语和汉语的这种差异很容易造成中国英语学习者的困难，尤其是对于我国初学者来说，很容易在使用英语时忘记词汇形态的变化。

②汉语重意合（parataxis），主要通过词语排列顺序来表达词语之间的相互关系和逻辑联系，也就是说，汉语主要是按照事件发生的先后顺序或事例推移的内外顺序来排列语句。所谓意合是指语言中词与词、句与句的结合主要依靠语义上的关系和联想达成，这种结合在外部形态上没有明显的标志，交际双方根据语境和语感对语句做出正确的解码。汉语连词成句注重意念连贯，不求结构完整，句子以神统形，聚散自如。中国人长期的思维习惯使汉语形成了主语在前、谓语在后的表述顺序。

英语重形合（hypotaxis），句子中的词语和分句之间常通过语言形式手段（如关联词）来表达意义和逻辑关系。所谓形合，指的是词语中的词与词、句与句的结合主要凭借词形变化、关系词、连接词等显性手段。作为重形合的语言，英语遣词造句时注重形式连接，而且连接手段和连接形式十分丰富，包括介词、连词、关系代词、关系副词、连接代词、连接副词等。

此外，汉语中没有刻板、严格的词性划分标准，并不需要对汉字词性死记硬背，而英语则相反。例如，英语中“If you don’t go，I won’t go either”一句使用了连词 if，而相对应的汉语连词“如果”则可以不用，直接说“你不去，我也不去”。而在口语和非正式的文体中，汉语更是很少使用连词，这就造成以汉语为母语的中国学生在使用英语时常不用或者很少使用连词，而是按照汉语的习惯仅将一连串的单句罗列在一起，从而导致句子的错误。

③英语和汉语在动态（dynamic）和静态（stative）方面也呈现出一定的差异性。西方的科学文化求变、求动，而东方的人文文化求稳、求静。表现在语言上，英语叙述呈静态，在叙述中倾向于多用名词，而汉语叙述呈动态，

倾向于多用动词，如“He is a good eater and a good sleeper”一句只用了“eater”和“sleeper”两个名词，而相对应的汉语应该是“他能吃能睡”。这方面的差异，使很多中国学生感到很不适应。

英汉两种语言之间也存在着很多相似或者吻合的地方，中国学生在学习英语时可以利用已有的汉语知识，促进英语的学习。例如，英语同汉语一样，形容词都位于它所修饰的名词前面，因而当学生学习了“pretty”和“girl”两个词之后，就会很自然地说出“a pretty girl”。实际上，在没有复杂修饰语的情况下，英语句子的词语排列顺序与汉语大同小异，语义的理解完全可以依据语序来决定。例如，“I have a clever brother and a lovely sister”可译为汉语“我有一个聪明伶俐的弟弟和一个漂亮可爱的妹妹”。在此，英汉句子的语序是一样的。

三、英汉在语言结构上的差异表现

（一）句型结构上的文化差异

英语的基本句型是主谓句，它和汉语主谓句中的动词谓语句的语序是基本一致的，一般情况下，英语和现代汉语的主干成分及其语序都是相同的。例如：

SV　He hasn't arrived.

他还没到。

SVO　My daughter can speak a little English.

我女儿能说一点儿英语。

SVOO　My mother gave me a present.

我妈妈给了我一个礼物。

SVC　He is a student.

他是一名学生。

SVOC　We must keep the classroom clean.

我们必须保持教室清洁。

通过观察可以发现，SV 机制，即主谓结构，是这些句型都有的，是英文句子的核心，英语中几乎所有的句子都包含了主谓结构。然而汉语并没有这么多限制，只求达意即可。尽管有些句子分析起来似乎不合逻辑。例如：“明天放假了。”“来了吗？”这两个简单的句子，如果不熟悉英汉句型的差异，就可能遇到麻烦，会受母语负迁移的影响，容易误译为：“Tomorrow has summer vocation.”“Have come？”英语中只能用动词作谓语，而不能用形容词或名词作谓语，所以汉语的形容词谓语句和名词谓语句翻译成英语时应加入适当的动词。例如：

他高兴极了。

He is very happy.

今天星期三。

Today is Wednesday.

造成这些结构差异的原因之一，即英汉民族的思维习惯有同有异。它们反映到两种语言中就会产生相同和不同的表达方式，从而形成了汉语重意（意合法语言），英语重形（形合法语言）的特点。所谓“形合”，指借助语言形式手段（包括词汇手段和形态手段）实现语句或句子的连贯；所谓“意合”，指不借助语言形式手段而借助词语或句子所含意义的逻辑联系来实现它们之间的连接。前者重视语言形式上的接应（cohesion），后者注重行文意义上的连贯（coherence）。意合和形合是各种语言都使用的连接手段，但由于语言性质的不同，使用的侧重点也不同，英语是形态型语言，也称型合法语言，使用形合手段比汉语要多，绝大多数句子都要求有主语和谓语，在句子结构之中体现得非常清楚。

（二）句法关系上的文化差异

英汉句子主谓之间的句法关系差异明显，具体体现为：英语句子主谓之间存有强制性的一致关系，并有强制性的语法手段来表现这种一致关系，即谓语动词必须在人称和数上保持一致；汉语句子的主谓之间没有强制性的关系，也没有表示这种一致关系的语法手段。

强制性的主谓一致关系赋予了英语句子的主语以举足轻重的句法功能：决定谓语动词的人称形式和数的形式。实现这一功能必须遵循“语法一致原则”。例如：

I am/You are/He is/She is a Chinese citizen.

我是 / 你是 / 他是 / 她是中国公民。

We are/You are/They are Chinese citizens.

我们是 / 你们是 / 他们是中国公民。

英汉句子主谓之间的句法关系的对比，体现了汉语语法隐性和英语语法显性的特点。隐性和显性是一对矛盾。语法上的所谓显性和隐性是指某种语言有没有外在形式上的标志。形式是指语言的表层结构样式。从理论上说，各种语言都有隐性和显性的语法范畴。但就英汉两种语言而言，隐性和显性的内容相差很悬殊，差异明显。随着历史的发展，尽管英语现在可以通过相对固定的语序和众多的虚词来表达一定的语法关系，但它仍保持着形式上的一些重要内容，仍需要运用明显的形态变化来表达某些语法意义和语法关系。如英语的人称代词有不同的形式关系来表示人称和数量的概念；名词有不同的形式来表达数的概念；谓语动词则有不同的形式来表示与主语一致的关系。所以，当英语句子的主语有人称（限人称代词）和数的不同变化时，受主谓一致关系的制约，其谓语动词必须使用相应的人称形式和数的形式。汉语是典型的分析型语言，它主要通过固定的语序来表达语法关系，通过大量的虚词来表达语法意义；除人称代词极少数的语言项目以外，它没有严格意义上明显的形态变化和形态之间的照应关系。洪堡特就指出：在汉语里，跟隐藏的语法相比，明示的语法所占的比例是极小的。作为一种综合一分析型语言，英语的形态较为集中地体现在谓语动词上，这就赋予谓语动词众多的表意功能，并在时态、语态和语气方面具有明显的标志。

例如：

时态：你去我也去。

If you go，I'll go too.（将来时）

我到家时已经天黑了。

It was already dark when I arrived home.（过去时态）

语态：杯子打破了。（被动语态）

The glass was broken.

据说他来过。（被动语态）

I was told that he had been here.

语气：你死了，我去当和尚。（虚拟语气）

If you should die，I would go and be a monk.

祖国万岁。（虚拟语气）

Long live our motherland.

汉语语法的隐性与英语语法的显性使得英语的语法研究在一定程度上可以脱离语义只根据形式来进行，而汉语则不能。乔姆斯基曾举过 2 个著名例子：（1）Colorless green ideas sleep furiously.（2）Furiously sleep ideas green colorless.

这两句在语义上都是混乱的，但根据形态可以判断第一句是合语法的，而第二句不合语法。这种情况在汉语中有如下的翻译：（1）无色绿思狂怒睡。（2）怒睡念头绿无色。

这种翻译恐怕不但符合汉语语法，而且似乎有一种高深莫测的风雅。总之，英汉语法中绝对相同或完全相同的语法现象几乎是没有的，学生们在学习英语语法时感到非常困难，他们往往会用汉语语法来说和写英语句子，即所谓的“中式英语”（Chinglish）。从总体上看，汉语是分析型语言，与英语相比较，有5个特点：（1）无词尾变化；（2）词序比较固定；（3）广泛使用意合法；（4）广泛使用无主句；（5）广泛使用无谓语动词句即描写句。英语是综合型语言，从汉语的观点来看，英语有4个特点：（1）有词尾变化；（2）使用冠词；（3）使用虚词；（4）广泛使用被动式。因此在语法课的教学中，教师很有必要将英汉语法做一下对比，以减少汉语语法给学生学习英语语法时带来的负迁移，这有助于英语语法的理解和掌握。

第二节　英汉在文化上的差异表现

一、语言交际文化上的差异

不同民族由于受到各自的地理环境、历史文化以及生活环境的影响，形成了各自带有鲜明色彩的民族文化。文化背景的不同，使得中国人和西方人对相同事物的思维、理解和说法各不相同，有时甚至截然相反，这就是常说的文化差异。在语言交际中，文化差异往往会带来许多不便或是负面影响。

由于中西方文化中的价值观和认知观有很大的差别，因此人们对尊卑概念的理解和表达方式也各有不同。例如，在汉语中，称呼年长的人为“王老”或“李老”是尊敬的表现，属于敬语；但西方文化中十分忌讳“老”字，因为他们认为“老”字意含老矣无能之意。因此，如果你在公交车上给外国老人让座，并说“Please sit here，you are old，don’t get tired.”时，不仅不被看作是尊老爱幼的美德，反而会让对方误以为你在暗示他“年老体弱”“风烛残年”，结果并不讨好。在英语中，类似grandpa、grandma的称呼内含“老年人精力、体力、能力下降”的意思，因而，西方人不喜欢此类尊称，更喜欢直呼其名。

由于文化习惯的不同，同一事物在中西方文化中的寓意往往也有所不同。例如，龙这个形象在中国人眼里是力量、强大和尊贵的象征，因而，中国人自称是龙的传人，在汉语里也有“望子成龙”“生龙活虎”“卧虎藏龙”等成语来表现中国人对龙的尊崇。而龙在西方人眼里却是邪恶、凶残的象征。

不同的环境气候对语言交际也产生了一定的影响。例如，汉语中的“西风”往往让人联想到秋冬的寒冷刺骨，李清照的“昨日西风凋碧树”和马致远的“古道西风瘦马。夕阳西下，断肠人在天涯”便是很好的例证。但是，西方人眼里的“西风”却是温暖的、柔和的。弥尔顿（John Milton）曾这样描写西风："And west winds with musky wing（带有芳香翅膀的西风）"，雪莱（P.B. Shelley）在《西风颂》中也由衷地赞美了西风。再如，中国气候四季分明，夏天炎热，冬天寒冷，而英国位于北欧北温带，属于温带海洋气候，因而夏天不热，冬天不冷。因此，中国人眼中的夏天是炎热而难熬的，而英国人的夏天是凉爽而惬意的。莎士比亚（Shakespeare）曾在 Sonnet 18 中提到"Shall I compare thee to a summer's day ？ Thou art more lovely and temperate"他将心爱的女人比作夏天，可爱美丽又温婉动人。

综上所述，英语教学的任务就是传授给学生基础的语言知识，培养他们对英语的理解和应用能力，扩宽学生的视野，扩大学生的知识面。这就要求教师必须在教学中注重培养学生的语言文化素养，在系统地语言教学中进行文化教学，这样才能培养出语言功底扎实、文化底蕴深厚、语言交际能力强的综合性人才。

二、英汉思维文化上的差异

不同民族有不同的语言，其思维方式也存在很大的差别。思维方式的差异在文化及语言中的种种表现，我们称之为思维文化。综观英汉两个民族的思维方式，笔者可以将两者之间的思维文化差异归纳为以下几个方面。

（1）英语民族习惯从小的方面到大的方面进行思维，而汉语民族则习惯由大到小。具体来说，主要涉及以下几个方面。

①钟点表达方面。例如：

下午 5 点 10 分：10 past 5 p.m.

②日期表达方面。例如：

1983 年 7 月 1 日：1 July，1983

③城市大小表达方面。例如：

大中小城市：small，medium-sized and large cities

（2）英语民族习惯按照"轻在前重在后，弱在前强在后"的顺序思维，而汉语民族则习惯"重在前轻在后，强在前弱在后"。例如：

我和汤姆、露西：Tom，Lucy，and I

救死扶伤：heal the wounded and rescue the dying

无地和少地的农民：the peasants who have little or no land

一张木制小圆桌：a small round wooden table

（3）时间观念差异。过去与未来的取向差异是中西方文化的一个显著差别，也是中西方思维模式差异影响的结果。中国人喜欢面对着过去看问题，因而有“前所未有”“后继有人”等说法，而英语民族则恰好相反。例如：

In measuring forwards from a point of time in the past, only the following construction is normal.

误译：要从过去某一点时间向前衡量时，只有以下几种结构是标准的。

正译：当从过去某一时间点向后算起时，只有以下几种结构是标准的。

But we are getting ahead of the story.

误译：不过我们说到故事前头去了。

正译：不过我们说到故事后头去了。

（4）先与后的问题。例如：

新郎新娘：bride and bridegroom（并非 bridegroom and bride）

您先走：After you.（并非 You go first.）

刘夫人：Mrs. Liu（并非 Liu Mrs.）

林校长：President Lin（并非 Lin President）

（5）方位表达方面，英语文化多“纵向”，而汉语文化多“横向”。例如：

东北：northeast

西北：northwest

东南：southeast

西南：southwest

三、英汉心态文化上的差异

（一）价值观中的差异

所谓的价值观是指在所有人心目中相对固定和完整的一套意见或评价体系。价值观告诉人们社会期望什么样的行为，社会摒弃什么行为，应该爱什么，讨厌什么；什么是美丽的，什么是好的；什么是丑陋的，什么是坏的；什么是正常的，什么是荒谬的；什么是正确的，什么是不公正的。

在漫长的社会实践过程中，人类逐渐形成了一套关于客观世界的一般观点，即世界观，并在此基础上形成了一套习惯性的评价标准、行为准则和道德规范。通过这种方式，评估所有事物或人的标准行为。从长远来看，不同国家和不同文化形成了不同的价值观。这是文化发展的必然趋势。

中国历史悠久，传统文化博大精深。长期以来一直处于支配地位的儒家文化所倡导的“天人合一”，强调人与自然的和谐统一。在这种传统文化的影响下，中国人逐渐形成了自我控制、内省、道德和集体主义等价值观。作为一种价值取向，集体主义认为集体利益是至高无上的，在保障集体利益的前提下，主张保护个人利益。集体主义要求个人的发展应该与集体的发展相结合。要求个人有意识地建立对家庭、社会和国家的强烈责任感和使命感，并自觉承担各种社会责任。

与传统中国文化主张的集体主义不同，西方传统文化孕育了个人主义，这是西方社会文化价值观的精髓，并渗透到西方社会生活的各个方面。《简明不列颠百科全书》中“个人主义”的定义是：个人主义，一种政治和社会哲学，它非常重视社会自由、强调自律、自我控制，个人或自我约束的个体。在个人价值观的影响下，西方认为人与自然是征服与被征服的关系，人们应该通过自己的努力不断地控制和改造自然，实现自我。

个人意识的价值观在西方社会得到了充分的体现。例如，在英语中，I（我）永远都大写，因为美国人坚信“Every man is the architect of his own fortune（每个人都是自己成功的设计师）”。在英语文化中，一个人价值的大小在于他获得的“self-perfection”或“self-integrity”，在于他“individualism”的强与弱。在西方，人们考虑的问题不是“What’s the meaning of life”，而是“What is the meaning of my life”。

对于上述价值观差异的知识，教师在英语教学中应当引起重视并适时传授给学生，使其具备更强的语言交际能力。

（二）伦理道德中的差异

伦理道德观方面也是中西文化之间最明显的差异之一。中国传统伦理学的五种基本观念为“仁、义、礼、智、信”，它们对中国人的道德模式产生了深远影响，“宗族本位”是中国伦理关系的核心。尽管我国在改革开放以来，每个人的地位、权力和利益的“先天决定”观念也受到了西方文化的影响，但是“家族本位”的特征仍然存在，具体表现在以下几个方面。

1. 尊卑有别

中国封建社会推崇儒家尊卑有别的礼制，对自身的能力、作用总是有意贬抑、不愿外露，而喜欢故意抬高对方，以表示对对方的格外尊重。反映到语言称谓上，就是严格区分敬称和谦称，几乎涉及对方的东西都用敬称，涉及自己的都用谦称。例如，对自己的时候称为“在下、小弟、小生、学生”等，对别人则称为“您、您老、先生、兄台、老兄”等。而在英语文化中，直呼其名习以为常，即使是子女对父母也可以直呼其名。在英语文化中，这不仅符合社会伦理道德，而且是一种亲密的表现。

2. 内外有别

中国人在传统上一向重视内外有别，见到自己人就备感亲切，见到外人则会生分疏远，产生不信任的感觉，采取公事公办的态度。在语言方面，尤其是在称谓方面表现得尤为明显，如在汉语中带“同”和“外”字的词语，其意义及感情色彩完全不一样。具体来说，带“同”字的词语表示彼此之间有某种关系或联系，属于“自己人”的范围，如“同学、同事、同盟”等。而对“自己人”以外的人要么带“外”，要么带“异”。带“外”的词语要么疏远，要么另眼相看，如“外姓、外人；外敌、外族”等；而带“异”的词语则往往跟政治联系在一起，包含着与之对抗的情绪，如“异己、异党”等。

3. 私事问答方面

中西伦理道德的差异还体现在个人私事的问答上。在汉语文化中，“问工资、问年龄、问结婚”这“三问”几乎是会话交谈中的必谈话题。因为对汉民族来讲，这是很自然和顺理成章的问题，也是符合社会道德的。中国人认为这“三问”表达了问者对听者的一种关怀与理解。然而在英语文化中，这样的问题是禁忌，是不能随意触及的，因为这“三问”的内容都是纯个人的私事。以问工资为例，在英语文化中，收入是纯个人的事情，他人不得问及，即使家庭成员之间也不能随便问各自工资的确切数目。

四、英汉习俗文化上的差异

（一）称谓与称呼

单从称谓的多样性来说，英语比汉语略逊一筹。在英语中，几乎都用“Mr.+姓”称呼男性，“Miss+姓”或“Mrs.+配偶的姓”来称呼女性，关系比较亲密的或者是爱人之间可以直呼其名。而“职称 + 姓氏或名”这种称谓形式一般常用于对皇室成员，政府上层，宗教界、法律界和军界人士的称谓，如 President Clinton（克林顿总统）、Prince Charles（查尔斯亲王）、Pope John（约翰教皇）、Judge Jackson（杰克逊法官）。一般常见的“职称或职业 + 姓氏”的称谓是 Doctor 和 Professor，如 Dr. White（怀特博士）、Dr. Smith（史密斯大夫）。

汉语中的社会称谓，只要有头衔的，基本上都可用作称谓。如石班长、张助理、吴科长、陈会计等。所有的职务，如部长、省长、司长、厅长、校长、院长、厂长、经理等；军衔，如上将、中将、中校、少尉等；职称，如工程师、高工、教授、讲师、编审等；学位，如博士；职业，如医生、护士、教师、会计、律师、教练等，都可以加上姓称呼别人。

中华民族文化传统要求人们在交往中对他人应使用敬称和谦称，应该尽量贬低自己、抬高他人以示谦虚、尊敬及客气等。因此汉语里拥有大量的敬称、谦称的词和词组，如称自己为“在下、鄙人、小弟、属下、老朽”等，称己方的人为“家父、家慈、家兄、敝东、敝岳、贱内、小儿、犬子”等。以上为谦称。对他人的尊称有“令尊大人、尊夫人、尊翁、尊府、令堂、令兄、令郎、令爱、令孙”等，以及“×× 君、×× 公、×× 老等”。这类敬辞和谦辞反映了中国人比较独特的人际态度，英语里几乎没有与此相对应的称谓。如要把这类汉语译成英语，一般多采用较为直接或较为婉转的说法。如：

您，您老人家 you

敝人 I， me

令尊，令兄 your father， your brother

家严，家慈 my father， my mother

师母，伯母，嫂子 your wife， Mrs.××

令郎，令爱 your son， your daughter

令侄，令亲 my nephew， my aunt

就自谦语和敬语来说，英语中的这类称谓语远不如汉语普遍。英语中没有谦语，但也有一些尊称和敬语，如对国王或女王可直接用敬语“Your Majesty”（陛下、国王、陛下或女王陛下），对亲王则说“Your Highness”（殿下），对法官称“Your Honor”（先生或阁下）。

（二）问候与寒暄

在中国，如果朋友、熟人、同事等见面，往往会以不同的方式向对方打招呼，如“吃饭了吗”“去哪里呀”等。像“吃饭了吗”这个句子本身无任何特别意义，只是用于寒暄、引出话题而已，相当于英语会话中问及天气情况的寒暄句一样，对方可答可不答。而“Have you had your breakfast”的寒暄语在英语文化中则意味着你邀请对方去吃饭。假如这段对话是在未婚青年人之间进行的，而且发话人是位男子，受话人是一位女子，那么它又意味着这男子对女子有意，欲与其约会。在西方，如“吃饭了吗”“去哪里呀”等句子一般只用在特定场合，若见面时用，对方便会觉得很茫然，认为你是在干涉他的私事。

（三）致谢与答谢

汉语文化与英语文化在致谢方面基本相同，只有一点例外，那就是在汉语文化中，关系密切的人之间几乎不用道谢，这一点在家庭成员中尤为突出。但在英语文化中，即使是关系非常亲密的人之间，致谢也是不可少的，如父子之间、夫妻之间等。在答谢上，汉语与英语之间的差异不大，但在英语文化中，道谢用语“Thank you”已超出了致谢的范围。例如，在你向对方表示感谢之后，对方可能也会说“Thank you”，这被视为是很正常的。

（四）送礼与受礼

在汉民族文化中，不论是过生日，做“红白喜事”，还是探视病人、访友或请客吃饭，习惯上都要送礼，而这个“礼”又以钞票、水果、滋补品等为主。而在英语文化中，如果是探视病人，人们习惯买一束鲜花。当然送花是有讲究的，不同的对象、不同的场合送的花是不同的。如果应邀去朋友家吃饭，人们通常是送主人一束鲜花，有时也有送其他东西。

与送礼相对应的是受礼问题，当主人收下所赠的礼物后，中国人通常不立即打开来看一下礼物，认为当着送礼人的面这样做既不礼貌又会使客人感到尴尬。而英美人通常的做法是在收下礼物后，立即打开看上一眼，然后赞美一番，并说声“谢谢”。

（五）告别

在汉语文化中表示告别一般用“再见”。这与英语文化中的告别用语没有什么差别，但有时中国人在告别时也会说“路上当心”“走好”“请多保重”等，这与英语里的“take care”等也几乎是等值的。然而当我们说“慢走”或“请留步”时，英语中就没有与此相对等的表述了。

此外，汉英两种文化中有关告别的方式也不相同。在英语文化中，如果客人想告别，通常要提前几分钟将告别的意思暗示或委婉地表达给主人以征得同意，然后才可离开，如果突然说“时间不早了”，而后站起来告别主人，在英语文化中是不礼貌的。而这一点在汉语文化中则是可以接受的。

五、英汉体态文化上的差异

来自不同文化背景的人，具有不同的体态文化。这里讲的体态文化包括非言语交际的各方面，如身体动作、面部表情、空间距离、服饰与装饰等。虽然有些非言语交际手段与方式随着时代的变迁而变迁，但在信息传递中体态文化始终占有十分重要的地位。在朱迪·皮尔逊看来，7% 的情绪信息由语言传递，其余的 93% 要靠非言语手段来传递。不了解中西文化中体态语的差异，也会导致跨文化交际的失败，所以在我们平时的英语教学中要重视培养学生对中西文化中体态语差异的意识。下面就主要介绍体态文化中的身势语和空间领地方面的中西差异。

（一）肢体语言的差异

肢体语言包括手势、面部表情、头部动作、目光以及其他可以传递信息的肢体动作。这是最直观、信息含量最大、人们最为熟悉的一类非语言动作。

1. 手势

手势不仅仅是指手的姿势，也包括手指、手掌及人体上肢所要传递的信息。人们在交际中往往以手势发出信号，表示某种意义，但是不同的民族之间的手势语有所差别。中西文化都可以用手势表达一定的意义，但同一手势表达的意义却不一定相同，同一意思也会有不同的手势。例如，英美人把一只手放在喉头，手指伸开，手心向下，表示“吃饱了”，中国人做相同的手势则表示“杀头”。招呼人们过来的手势，中国人手心向下，几个手指同时向下弯曲。而西方人的做法是手心向上，食指或中指两指向里勾动，而这一动作对中国人而言是挑衅，我们招呼人过来的手势类似美国人让人走开的手势。可见，相似的手势在不同的民族所表示的意义不同，甚至是相反的，如果不了解手势的差异，就容易造成误会。有些手势是英美文化所特有的，例如，美国人站在公路旁向上伸出拇指，向过往汽车司机表示希望能搭他们的车，英语中因此有“thumb a ride”的成语。如果不知道这些手势在西方文化中所代表的含义，当碰到这些信息时，就会造成理解上的障碍。

2. 眼神

眼神是心灵的窗户，不同的眼神可以表示不同的含义。目光接触作为一种重要的非言语交际行为，其方式和频率常因文化的不同而有所不同。英美人交谈时，双方往往是相互直视。当向人致意或和人交谈时，需要正视对方，否则通常被认为羞怯或者是缺乏热情，甚至是懦弱。在西方文化中，即使是在演讲，发言者也要与听众进行频繁的目光接触，一方面是表示对听众的尊敬，另一方面是便于审视听众的反应，获得反馈信息。而在中国文化中，为了表示谦卑或尊敬，在交谈时双方并不需要不时地直视对方，有时还有意地回避双方的目光接触。

3. 面部表情

表情语主要是指人们通过面部表情来传递信息的一种身势语。英汉两种文化中各种面部表情的反映是相同的，例如，扬眉与英美人的“raise/elevate one's eyebrows”是一样的，“拉长着脸”与英美人的“wearing a long face”是一样的。但是，通常认为西方人面部表情丰富，而认为中国人喜怒不形于色，难以琢磨。

（二）空间距离的差异

由于空间的使用和控制而发出的通信信息被称为空间信息。空间信息与人口和文化有着非常密切的关系。中国人口密集，个人所拥有的空间相对有限；而欧洲和美国的人口相对稀少，个人空间相对较大。这种自然因素的差异导致了中国和欧洲两种不同的文化特征：中国文化是聚集型的，人与人之间的关系彼此接近；欧洲和美国的文化是分散的，并提倡个人孤独。这种文化差异使许多对中国不熟悉的西方人到中国后感到人满为患，没有私人空间。结果，中国人第一次到达欧洲和美国时会感受到人与人之间的距离太远，感觉很冷漠。

1. 领地

领地是指人们认为他们有权拥有或处置的地理空间。领地可以是固定的也可以是临时的。例如，家庭、办公室、私家车等，或临时餐桌、在线图书馆、自学教室、公共汽车，甚至在候诊室的临时座位。

中西文化在领地方面的差异主要体现在以下三个方面。

（1）欧美人与中国人对领地的标示方式有差异。欧美地区的人们经常用短的栅栏和一块牌匾将公共空间与领地隔开。中国人习惯于用独特而有形的物品将领土与公共空间明确区分开来，如高高的围墙和道路上的栏杆。

（2）欧美地区的人们和中国人对拥有领土有不同的愿望。西方人拥有强大的领地意识，他们的领土概念延伸到个人财物的垄断，英国和德国尤为突出，而中国人鼓励分享个人物品。例如，在西方，当一个人在公共汽车或候车室里看报纸时，其他人不可能聚在一起看它。在中国，这种情况非常普遍，而阅读报纸的人也会等待其他人阅读完后再转到下一页。

（3）当领土受到侵犯时，中西方人们的反应是不同的。欧洲人和美国人的反应会更强烈，中国人的反应更温和。例如，当排队遇到其他人插队时，欧洲人和美国人会明显表现出不满并防止这种行为，中国人经常默默忍受，不想太在意。

2. 个人交际空间

个人交际空间也称为体距。个人交际空间是人随身携有的领域，在直观上表现为交际双方之间的距离。根据关系亲疏不同，体距也有所区别。爱德华·霍尔（Hall）分析了近体学并设计了一套符号，他将交际空间分为以下四个区。

（1）亲密区，距离在 1 英尺（1 英尺≈ 30.48 厘米）以内，仅限于恋人、家人之间。

（2）个人区，距离在 1.5 ～ 4 英尺，存在于朋友和亲戚之间。

（3）社会区，距离在 4 ～ 12 英尺，主要存在于同事或陌生人之间。

（4）公众区，距离在 12 ～ 25 英尺，主要用于公共场合，如演讲等。

中西方文化不同，因而体距也不同，双方交流可能会因体距的差异导致不安和焦虑。中西体距文化的不同也就成为误解的根源。具体而言，西方人认为合适的体距，在中国人看来太冷漠；而中国人看来合适的体距，西方人会觉得有些过分，甚至双方会对彼此的关系产生误解。在欧美人看来，挤在一起的体距是无法忍受的，而中国人的体距比西方国家要近得多。例如中国人吃饭时喜欢尽量挤在同一张桌子上，以显示亲近和其乐融融；西方人则喜欢分开坐。再如，在中国可以看到四五个中国人挤在同一辆出租车内，两人同坐公共汽车上一个座位等；这在欧美十分少见，即使是一家人他们也会分坐两辆车，或其中一人站着。

3. 零空间

零空间又称体触、接触。受传统文化和生活、居住方式的影响，不同民族的体触观念有所不同。西方人从小就受到要避免与陌生人的身体接触的教育。他们只有在亲密无间的时候才愿意与别人有身体接触，除此之外，通常不愿意与别人有身体的接触，如果不小心碰撞了别人则会表示歉意。他们会因为在公共场所如公共汽车、火车或拥挤的商店里身体的相互碰撞而感到极度不舒服。与英美人相比，中国人对拥挤和身体碰撞的容忍度比较高。

霍尔按照体触频率的不同提出了高体触和低体触文化的概念。但是，由于受到性别、人际关系、年龄等多种因素的影响，很难确切地将某种文化环境下的体触行为定义为高体触文化还是低体触文化。相对于欧美，中国人在异性之间是低体触，同性之间则是高体触。在儒家文化的长期影响下，中国男女之间一贯强调低体触，在公众场合关系不够密切的男女一般不彼此接触；中国同性年轻男子之间常搭肩膀，这在中国会认为是兄弟情谊，而在西方同性年轻男子之间搭肩膀会被误解为同性恋。即使是女性的同性接触，中西方也有很大区别。中国女子在赞美对方衣着或发型时，常用手摩挲一下对方的衣服或头发，以强化其言语的表达，而西方女子之间只是言语上赞美一下，不会有中国女子的行为。总之，在与西方人交往时，要注意同性交往尽量避免与对方发生体触，以免造成误会；异性交际时，要意识到对方的某些行为是处于礼貌与友好，不要过分敏感。

握手是东西方通用的礼仪，但是中西文化在握手方面也存在差异。西方人握手时要紧紧地有力地握一下，我们可能会感到他们用力过猛，而西方人认为中国人握手通常比较轻，认为我们态度不够恳切。对于握手时间长短，中西方也有不同。例如，西方客人对中国人握手时不马上松开感到不习惯，但碍于礼貌不便提出，只好反复握个不停，等待对方松开。另外，握手时也应该注意其他行为，如微笑、对视等的配合，否则就容易造成误解。例如，在荷兰，跟客人握手时眼睛应该盯着对方，否则对方会认为自己遭到轻视，未得到尊重。

中西方的体触文化差异使西方人觉得中国人过于热情，不尊重个人隐私；而中国人觉得西方人开放但傲慢，对人冷漠。因此，我们在进行跨文化交际时，要意识到这两种观念的存在。

第三节　文化差异对英语教学的影响

一、对听力的影响

大家都知道，英语国家的历史文化、社会规范、价值体系、日常生活习惯、言语行为方式以及思维方式都与中国有很大的不同。这种文化背景的差异在中国学生的听力学习上至少有以下三方面的影响：

第一，思维模式上的差异导致抓不住重点。英美文化的思维模式是理性、抽象的，而中国文化的思维模式则是感性、具体的，表现在以下两个方面：

（1）英语习惯于开门见山，主次分明，将最重要的事放在句首或段首，而汉语习惯于从次要的事讲起，最后才进入正题，分别体现出两种文化理性和感性的特征。

（2）英语常使用 it 充当虚拟主语，而中国学生对此不太适应，也体现出中国式思维较之英美思维模式更为具体、直接的特点。

假如中国学生不了解两种思维模式的差异，很容易在听的过程中按照汉语的思维习惯去捕捉句子和段落的重心，从而忽略了本应重要的信息，如英语听力短文的主题句常放在段首，学生往往处于慢热状态而未注意听；抽象化的主语也容易使学生陷入迷惘。

第二，特殊称谓与英美习语造成的文化陷阱。请看下面这个对话：

A. Hi! Where are you going?

B. I am going to Big Apple.

“Big Apple”的字面意思是“大苹果”，在上面的对话中却显然是指一地名，熟悉英美文化的朋友应该知道，“Big Apple”为美国大都市纽约的绰号。若学生对此一无所知，必然对这个对话感到茫然无措了。再看下面这个句子：

He is wearing two hats.

从字面上理解，可译为“他戴着两顶帽子”，听者未免觉得奇怪，有何必要戴上两顶帽子呢？事实上这一习语的含义为“他是个大忙人”，与服饰无关。诸如此类的例子很多，如果学生不多加了解不同文化中的这些特殊用语，即使听懂了每个单词，也无法理解它们连起来所表达的含义。

英美国家的学生相比较中国学生而言更为自立，大学期间大都会进行打工，自行支付学费及生活开销，过着一种半工半读的生活。学校一般实行学分制，只要修满相应的学分就可毕业，在学制上较为灵活。在对他国国情不太了解的情况下，也许很难理解什么叫作“full-time student”，因为中国学生直到大学期间依然被一如既往地灌输“学生的主要任务是学习”的观念，在他们的心目中只有“part-time job”，没有“part-time student”。不过随着社会的发展和观念的变迁，近年来中国的高校也已着手尝试一些改革，如允许学生保留学籍去创业，初步显示了现代化教育体制的弹性。

第三，丰富多彩的英美节日文化超出学生的知识范围。不同的文化拥有不同的节日，从节日起源、纪念意义到庆贺方式都有很大的不同。

大家最熟悉的英语国家节日自然是“Christmas”（圣诞节），至于其他，如美国的“Thanksgiving Day”（感恩节），可能听说过，但在了解不深的情况下，未必能在听力练习中取得优势。需要指出的是，假如学生在听之前就对感恩节的习俗较为熟悉和了解，即使不用听，也能立即选出正确答案来，取得事半功倍的效果了。

二、对阅读的影响

阅读理解能力的高低不完全取决于语言水平，还取决于对文化背景知识的掌握。在读的方面也有不少学生存在误解，认为阅读理解就是逐字逐句地翻译的过程，因此常常在阅读文章时逐字逐句地翻译。其实，阅读理解不是一个简单的眼部运动的过程或简单的翻译过程，而是一个复杂的思维过程，是一个需要根据语言材料、文化背景知识等不断进行逻辑推理和纠正的过程。因此，对文章的正确理解离不开正确使用文化背景知识对文章做出正确的推理和判断。

在阅读过程中，学生如果不理解某个词语蕴含的文化背景知识或不能做出正确的推理和判断的话，那么阅读的效果必然受到影响。如“‘Chicken’ is slang for someone who is not brave.”在读到该句时，部分学生知道每个单词的意思却不理解其完整的句义。这里更多的是涉及文化差异，句中的“slang”意为“俚语，行话”。在西方一些国家的俚语中，人们常用“chicken”一词表示“胆小的人”“懦弱的人”，而在汉语中“chicken”则无此含义。如果学生不理解其中的文化差异的话肯定难以理解该句的意思。

文化差异的重要性不但表现在词汇层面，也表现在篇章层面。比如，学生在阅读英语时常机械地按照他们在阅读汉语文章时的习惯去阅读，因此常弄不清英语阅读材料中句子和段落间的逻辑关系，理不清英语篇章的基本结构等问题，这些都是由于学生不了解不同语言之间的思维模式和篇章差异造成的。

三、对写作的影响

写作时的观点其实就能够体现一个人的价值观。价值观是断定客观事物有无价值以及价值大小的根本观点和评价标准。正确的价值观能够指引人们朝着正确的方向走，它在人生选择和人生道路上起到非常重要的作用。在写作过程中，英汉文章有着很大的区别，如用第几人称、阐述什么观点等。在很多文体（议论文、杂文等）中，第一人称是英汉文章经常用的，但是中文写作中第一人称常以“我们”的形式出现，而在英语写作中第一人称“我”和“我们”出现概率各占一半。写作中以“我们”作为第一人称，说明文章观点比较客观，是大众的观点；而写作中以“我”作为第一人称，说明强调的是个人观点，主观性较强。在实际中，很多中国大学生在写英语作文时，第一人称“I”和“We”、第二人称“You”、第三人称“He”和“They”都用上了，导致这种现象出现的原因主要是由于学生受到汉语写作的影响。首先，中国文化强调“大一统”。我国古代都是以国、家利益为重的群体价值取向。现今我国虽然已经走向开放，言论自由，各种观念越来越多，但是主流的价值取向仍然是维护整体利益，个人的观点显得比较弱。在平时，即使表达个人观点，为了显示其正统性和正确性也是以“我们”出现。由于中国文化的影响，使得以“我”来写文章或者表达观点时，显得高傲自大，将“我”改成“我们”将能够表现自己的谦虚和尊敬。其次，在表达某个敏感性问题时，常常采用“我们”代替“我”，这样可以避免承担一些责任。我国大学生受到这些文化的影响，在写英文作文时常常会把汉文化中表达本人观点的方式应用其中。再次，新中国成立后，集体意识越来越严重，相互帮助的事情越来越多。在汉语文化中第二人称使用频率较高，导致很多时候，用 we、you 等来替代第一人称 I，这样人们的真实观点很难表达出来，一些溜须拍马的话越来越多。而在西方文化中，着重强调个人潜力的发挥、个人利益的实现等。西方国家的教育要求将每个学生的个性观点表达出来，培养学生个性，鼓励学生独立思考。学生从小就养成了具有独立思考的能力，对每个事物都有自己独到的见解。另外，西方国家在法律上规定言论自由，因此他们在表达自己的观点时比较自由、宽松，因此，他们经常用“I believe”“In my point of view”“I agree”等，直接表达自己的观点，这样使得可信度增加了许多，作者和读者的距离也随之缩短了，这是西方文化英语写作的主要优势之一。

四、对翻译的影响

翻译是语言能力的重要体现，翻译同样离不开文化背景知识。大学生在翻译中遇到的难题和障碍之一也是文化差异。一些学生认为只要掌握的词汇量大，翻译时没有生词，就能通顺地道地译出句意。实际上，只是掌握了一定的词汇量是远远不够的。在两种语言间进行翻译，除了掌握两种语言文字外，还必须深刻理解两种文化间的差异。在翻译过程中首先需要对原文有透彻的理解，然后再把所理解的内容用另一种语言加以准确地表述。而要做到透彻理解，对原语言的文化背景的了解是一个不可缺少的条件，否则就容易造成误译、错译。

比如，“蓝色”在汉语中是高雅的颜色，人们常将蓝色与天空、海洋等的澄净恬淡联系在一起，引起人们无限的憧憬与遐思。如诗句“春来江水绿如蓝”，如广告语“中国梦，梦之蓝”等，这些美好的意象都和“蓝色”有关。汉语“蓝色”虽然与英语中的“blue”一词字面意思对等，但其中的文化含义却相差甚远，因此如果把“He looks blue today”一句译为“他今天看起来有点蓝”就是典型的误译了。英语中“blue”有多种含义。一是表示“忧郁的，沮丧的”，当然这也有文化背景知识在里面。据说哥伦布发现新大陆后，许多非洲黑人被卖到美国种植园里做奴隶，从事繁重的体力劳动。恶劣的生活条件使这些背井离乡的黑人倍加思乡，因此他们经常一边劳动一边哼唱一种叫作“blues”的曲子，曲调低沉缓慢，充满忧伤，渐渐地“blue”就演变成了“忧郁沮丧，闷闷不乐”的意思。因此，“He looks blue today”应译为“他今天看起来很忧郁”。另外，“blue”还有“不体面的，猥亵的”之意。如“blue movie”“blue talk”“blue joke”等表示“黄色电影”“下流的言论”“猥亵的笑话”等。这样的例子不胜枚举，这些都涉及文化差异知识。由此可见，文化差异对翻译也有很大的影响，如果不理解单词的文化内涵的话是很难准确地翻译出地道的译文。

第四章　语言文化视域下的英语教学对策

近年来，我国英语教学虽然取得了显著的成绩，但也面临许多新问题。毋庸讳言，现阶段英语教学的现状与效果还远远不适应改革开放尤其是面对21世纪国际竞争态势的要求。有限的师资与繁重的教学任务之间的矛盾使面临重重问题的大学英语教学在困境中越陷越深，英语教学改革势在必行。

第一节　实现英语教学变革

一、教学观念的改革

多年来，英语教学一直以培养学生具有较强的阅读能力和一定的听、说、写、译能力为目标，而新的《大学英语课程教学要求（试行）》则将大学英语的教学目标定位为："培养学生英语综合应用能力，特别是听说能力，使他们在今后的工作和社会交往中能用英语有效地进行口头和书面的信息交流，同时增强其自主学习能力，提高综合文化素养，以适应我国经济发展和国际交流的需要。"而目前许多学校实际实施的教师讲授、学生被动接受的灌输式教学不利于语言综合能力尤其是听说能力的培养。因此，教学观念上必须实现"两个转变"：教学目标从原来的以阅读理解为主转变为以听说为主，全面提高综合应用能力；教学主体从以教师为主的课堂教学转变为以学生为主的课堂教学。这是大学英语教学改革的首要任务。

（一）教学目标的改革

许多学者都强调大学英语教学应加大口语和写作训练的力度，在教学观念上切实从知识传授转到能力培养上来。其实，大学英语教学中的知识传授和能力培养是相辅相成的。英语知识绝不能简单地理解为英语语音、词汇和语法知识，它还应包括文化知识及学生从切身体验中获得的经验形态的知识等，它是一个综合统一的系统。新的《大学英语课程教学要求（试行）》也强调大学英语教学要以培养学生英语综合应用能力为目标，但并不意味着知识传授无足轻重，而应该把它看作实现目标的途径和手段。道理很简单，学习任何一门语言，没有知识作为基础就不能运用。只有学习和掌握知识，并把知识内化为相对稳定的内在素质，形成一定的素质结构，才能产生综合的语言运用能力。因此，在教学思想和观念的转变过程中，一定要着重处理好知识、能力与素质三者之间的关系，“学习知识是基础，培养能力是关键，提高学生综合素质是目的”。此外，重视听说能力的培养，并不意味着可以忽视读写能力。听说能力的提高在很大程度上与读写能力的水平相关，在语言学习的过程中，需要大量的信息输入并通过内部语言系统进行加工，进而转化成一定程度的外部语言。而阅读是信息输入的重要途径，没有足够量的阅读，要想提高口语能力也是不可能的。听、说、读、写、译五项技能是一个相辅相成的有机整体，在以往的英语教学中，我们忽视了听说能力的培养，在纠正这一错误倾向的同时，也要注意不要走向另一个极端。因此，新的《大学英语课程教学要求（试行）》在突出听说能力培养的同时，也要求重视阅读理解能力、翻译技巧和基本写作能力的培养。

（二）教学主体的改革

按照传统的教学观念，教师是课堂教学的主体，学生只是被动接受，不需要进行太多的思考、分析、归纳和判断。在这种情况下，学习是静态的，甚至是机械的背诵和记忆的过程。教师充当的是演员的角色，学生充当的是观众的角色。这种以教师为中心的被动学习，一方面挫伤了学生的积极性，使很多学生在课堂上提不起精神，“教师讲得口干舌燥，学生听得头昏脑涨”；另一方面学生对知识的掌握并不牢固，虽然短期之内记忆了一些人、事、物和名词，应付了考试，但考完之后所学知识很快就被淡忘了。学生逐渐形成了对教师的依赖思想，他们在教学活动过程中的主体地位得不到确认，学生学到的是“哑巴英语”，没有语言实践机会，更谈不上应用能力的提高。

现代教学思想从以教师为主体转变为以教师为主导，以学生为主体，学生和教师的角色有了显著变化，转变了教育者和被教育者的角色定位。教师要向学生传授知识，但更重要的是要教会学生主动获取知识的能力。学生是教学活动的基本出发点，是教学活动的主体，居于教学活动的中心地位。而教师的作用主要是组织、引导或指导。语言课堂由教师、学生、教材和教学活动四个方面组成。他们就像一个剧团和舞台，其中教师是导演，学生是演员，教材是剧本，教学活动是演出。导演若对剧作理解不当，必然指导有误。演员若演绎与演技不当，演出自然失败。可见，学生是语言课堂成败的关键角色。

授人以鱼不如授之以渔。教师要教给学生语言学习的规律和方法，要善于启发学生思考，培养学生的自学能力和主动获取知识的能力。整个教学活动是以学生的语言活动为中心。以学生为中心，就要求教师理解和体现学生的知识、智力、情感和个性需求。每单元围绕一个主题，词汇重复出现率高，便于联想和记忆。围绕大学生共同关心的话题，展开听、说、读、写、译活动，培养语言综合应用能力。课堂活动能激发学生思考，并在语言实践中获取知识、提高应用能力。

"学教并重"教学模式和"主导—主体"教学模式，尤其是基于因特网的"学教并重"的网络教学模式，正是整合了以教为主的教学模式和以学为主的教学模式而提出的。这种教学模式的理论基础就是奥苏贝尔（Ausubel）"学与教"理论和建构主义的"学与教"理论两者的结合。建构主义理论的突出优点是有利于具有创新思维和创新能力的人才的培养。奥苏贝尔理论的优点是有利于教师主导作用的发挥（"有意义接受学习"理论和"先行组织者"策略都是建立在充分发挥教师主导作用的基础上，否则无法实施）。其突出的缺点则是强调传递—接受式，否定发现式，在教学过程中把学习者置于被动接受地位，学习者的主动性、创造性难以发挥，因而不利于创新人才的成长，可见两者正好优势互补。由于"学教并重"这种新型教学模式能兼取两大理论之所长，摒弃其所短，因此不仅适用于指导课堂教学，也可适用于指导网络教学和多媒体辅助教学课件脚本的设计与开发。应当着重指出，这里所说的"双主"和有些人所主张的"学生是主体，教师也是主体"的"双主"是有原则区别的两个不同概念。如上所述，这里所说的"双主"是指既要发挥教师的主导作用，又要充分体现学生的认知主体作用。

二、课堂教学用语的改革

英语课堂教学用语是重要的教学资源。正确、恰当、有效地使用教学用语不仅能让学生得到一定量的语言输入，还能营造一个良好的课堂教学氛围，激发学生学习的主动性与互动性。近年来，随着英语教学的不断发展以及教育理念的更新与师生关系的变化，英语课堂教学用语也随之变化和更新，概括来说，共有以下三个趋势。

（一）趋于简化与通俗化

语言趋于简化与通俗化是英语语言发展的一大特点。在非正式场合，"大"词逐渐被"小"词所替代，句子也越来越简短。在英语教学用语中也同样存在这样的现象与特点。例如：

Do you understand what I'm talking about？

转变为：Are you with me ?

Raise your hands !

转变为：Put up your hands ! 或 Hands up，please !

（二）趋于多元化

随着经济全球化的发展及各国之间交往的频繁，英语作为世界性的语言，在世界范围内的使用日益频繁，并且趋于多元化。

传统的英语教学基本上以英国英语作为标准语，教师的英语课堂用语也以英国英语为主。但这种情况已不断发生变化，美语、加拿大语、澳大利亚语从社会语言的观点来看，都属于英语的一种表现形式，在实际生活中，我们会发现很多以英语为本族语的人们都在使用美语、澳大利亚语等，这也就表明，美语、澳大利亚语等语言进入课堂也是一种必然的趋势。例如，“Sure”“OK”等美语日常用语作为英语课堂教学用语已得到了广泛认同。

（三）由命令转变为建议与希望

随着教学的发展，师生关系已经变得越来越像朋友，教师不再对学生使用僵硬的命令语气发号施令，而是对学生提出建议、要求与希望。也就是说，教师的课堂教学用语已经从之前的教师向学生单向指令转变为师生互动式的商量与讨论。例如：

① Don’t use your dictionary.

② I（would）prefer you not to use a dictionary.

① I don’t want to see any books open.

② Would you close your books，please ?

① Turn to the next page.

② Let’s move on to the next page.

上面三组例句中的①都是传统英语教学中经常使用的教学用语，不难看出，其语气比较生硬，命令的意味很浓；例句中的②都是当代英语课堂中经常采用的教学用语，其中明显地表明了教师向学生提出建议、要求与希望的意图。经常运用这种委婉地表达建议、要求与希望的话语，有利于缩短教师与学生之间的距离，从而在学生与教师之间形成一个和谐的交流氛围，也有利于减轻学生的压力。但是，这并不意味着①就是陈旧的用语，在教学用语中不能使用，如果能保持整个教学过程中师生的平等关系，偶尔使用这样的话语也是可以的。

由此可见，课堂教学用语的改革并不表明要完全排除传统的教学用语，而是要增加体现当代教学理念的用语，以使英语教学用语更加完善和丰富，也有助于建立良好的师生关系。

三、教学内容的改革

（一）课堂教学内容改革的基本要求

教案是教师根据教科书的教学内容和依靠教学参考书的理解、分析为自己编写出的一个教学方案。将每节课的教学重点、教学难点、教学步骤等在教案中都体现出来，这样的初衷是好的，但要过于依赖教案的话就不是我们的教育的目的了。有的教师甚至把要说的每一句话都写在教案上，生怕在讲课过程中有遗漏；有些教师讲课都离不开教案，更有甚者的是拿着教案照本宣科。在传统课堂上整节课基本上都是教师在唱独角戏，学生成了观众和听众。教师往往又偏重于把学生当成吸收知识的容器进行灌输。这种过于死板硬套的教学方案是我们教师在教学中的顽症。而良好的教学方案是教师结合对教科书、教学参考书和对学生的情况分析——学情分析，并联系社会生活实际为学生编写出的"把教师的'教'与学生的'学'紧密联系起来"的方案。这个教学方案的重点是注重设计学生的学习过程，即把一堂课的知识设计成几个小活动并加强趣味性的投入，教师在活动中引导学生通过活动构建知识的掌握。

（二）课堂教学内容改革的理论基础

建构主义学习理论认为，学习不是一种被动的"复制"活动，而是学习者认知结构的主动建立、重组、改造和发展；主张教师必须知道学生正在想什么，他们对所呈现的材料有何反应，要训练学生建构重要概念和原则的技能，为学生提供意义建构的材料、工具、模型和良好的学习环境。帮助学生建构意义就是帮助学生对当前学习内容所反映的事物的性质、规律以及该事物与其他事物之间的内在联系达到较深刻的理解。

从认知的角度来看，语言学习涉及如何积累词语、词组和句子，如何辨别概念和规则，如何去解读和表达。这一过程既是陈述性知识的学习过程，又是程序性知识的学习过程，还是从陈述性知识向程序性知识的转化过程。尽管认知客体都是英语语言，认知主体大学生与低龄学习者在知识结构、理解力和记忆力上不同，应该而且必须采取不同的认知策略和学习策略。认知理论认为，对以命题形式贮存于记忆中的语言信息进行加工的认知过程是人类知识的基本存在形式。命题由两个或两个以上的概念组成一个句子可以包含几个命题，构成命题网络，将事件信息储存在人的记忆之中。言者的句子表达，是对记忆中已有的命题进行组合；听者的话语理解，是解构所听句中的命题及命题间的关系。储存在记忆中的是命题，不是句子，所以表达时用的可能不是原句。语言表达和思维方式、母语知识以及认知风格、认知策略之间的依存关系远非传统语法所能揭示，现行大学英语的课堂教学内容难以实现教学改革的目标。

（三）课堂教学内容改革

大学英语教学改革的目的是提高大学生内化的英语语言能力。语言学习包括输入和输出两个方面，就外语来说，包括听、读、译、说、写五种技能，对于绝大多数中国学生来说英语阅读就是翻译，或者说翻译是阅读理解的一种外化形式。这五种技能关系密切，相辅相成，支配着这五种技能的是笼统而庞大的英语语言体系。

人们往往以为，研究和掌握英语语言体系应当是英语语言学家、语法学家或教师的任务。其实，语言体系存在于每一个语言使用者中，对于某一具体语言，既有广义的语言体系，也有狭义（个性化）的语言体系。而日常交际中，交际的双方是以广义的语言体系为背景，用各自的个性化语言来进行的。语言学习就是学习者构建个性化语言体系的过程，这一点，分析我们自身的母语习得和母语学习过程可以不言自明。笔者认为，英语教学应该以帮助学生构建其个性化的英语语言体系为主要内容。

英语语言体系是指由语音、词汇、语法、文化、语境等要素构成的有机系统。课堂教学科学、全面地揭示语言体系要素及要素间的关系，学生在教师的指导和帮助下通过自主学习加以掌握；在听、说、读、写、译等语言实践中理解、体验和验证英语语言体系以及体系各要素之间的有机联系，从而实现英语语言知识的内化，即真正掌握组装和使用这些零部件的技能和方法。

目前的英语研究多是经院式的独立体系，脱离中国学生的学习实际，学生很难以独立的学习来构建英语语言体系，需要教师指导和帮助。基于计算机和校园网的大学英语教学改革将教师从繁重的教学课时中解放出来，从而有时间休息调整、静心思考，有机会进修，提升学历层次，提高科研水平，继而进行创造性的研究。

英汉两种语言，作为独立的语言，差别很大；作为交际的工具，发挥着同样的功能；作为学习的对象，既有语言的差异性，又有功能的相似性。如果能将两种语言结合起来研究，找出语言的普遍规律性，把英汉两种语言的形式差异看作语言发展的合理结果，势必会大幅度地提高母语习得和母语学习的经验和经历在外语学习中的利用价值。学生原有语言认知能力的合理发掘和自觉运用会大大缩短外语学习的时间，更有利于克服英语学习中的畏难情绪，让外语学习变得轻松愉快。

运用功能语言学、认知心理学等现代语言教学理论的最新研究成果使教师能够在充分研究教学内容和教学对象的基础上，通过英汉比较，重新归纳、整合英语语言规则，能够对教学目标进行分解，制作教学细目，将之细化成有机的英语语言知识体系，从而指导学生对照教学细目盘点自己现有的英语知识和具备的英语能力，帮助他们设计个性化的指标体系。

个性化的英语语言体系建构中所涉及的语言规则的归纳和整合要基于对现代语言学诸学科最新研究成果的消化吸收，基于对教学内容的全面了解、系统分析和科学总结。规则要涵盖思维方式、语言表达、结构转换和遣词造句各个层面，以纲带目，以目释纲，环环相扣，步步联系；要具有科学性、全息性、简洁性、可重复性、递归性和可操作性。规则的可推导性和解释力要能给学生以全新的感觉，激发学生的学习兴趣和成就感。

教师应大力改进教学方法，充分发挥学生英语学习的主动性与创造性，将应试教育转为以培养学生语言应用能力为宗旨的素质教育。语言教学的关键不在教而在学，语言教学不在教师做什么而在学生做什么，学生如果没有加工知识的过程，没有运用的机会，那么他们的语言学习进程只完成了一半。因此，英语课堂教学应该以学生为主体，教师应尽可能多地把课堂时间让给学生进行语言实践与语言能力的培养。教师应运用正确的指导方法，培养学生的观察能力、思维能力、想象能力、交往能力及合作精神。

传统的大学英语教学方法就是教师将大量的时间、精力花在句子结构分析、语法结构和词汇的讲解上，教师讲得过多过细，以为给学生讲得越多，学生就会学得越多。其实这种教学方法事倍功半，得不偿失。教师占用课堂绝大部分时间进行词汇讲解、句子结构分析，学生在课堂上没有任何的思考，只是不停地记笔记，课后照着所记的笔记死记硬背，学生没有获得任何语言实践的机会，知识无法转化为能力。课堂气氛不活跃，易使学生失去兴趣，因此，要想培养学生语言应用能力，必须以学生为主体，充分调动他们的积极性和创造性。

四、教学方法的改革

近年来，国外一些新的教学方法被介绍引进，拓宽了英语教师的视野，也给英语教学注入了活力。广大英语教师积极投身到英语教学方法的改革、研究和实践之中。但是，不少英语教师在为改革开放以来英语教学面临的大好形势感到欢欣鼓舞的同时，又被不断介绍到国内的外国新的教学法累得无所适从，致使英语教学法的研究和实践在某种程度上陷入了一些误区。面对各有所长的教学方法和日益高涨的更新教学方法的呼声，我们应该保持清醒的头脑。当今世界上并不存在一种能适应各种情况的万能教学法，归根到底，我们就是要建立轻松和谐的课堂气氛，这样才有助于学生积极思维，有助于教学效果的提高。在教与学的双边活动中，教师对创造轻松和谐的课堂气氛起着主导作用。

（一）激发和引导学生积极主动参与课堂教学

外语课是一门实践性很强的课程，没有大量的语言实践，是不可能掌握好语言知识的，更谈不上运用语言进行交际的能力。掌握好课堂提问这一重要的教学手段，便能有效地促进学生积极参与课堂教学，活跃课堂气氛，达到不断提高外语教学水平的目的。要利用好课堂提问这一教学手段，教师要注意以下三个方面的问题。

1. 运用启发式的教学方法

要使课堂教学的内容为学生所掌握，作为教与学双边活动中的教师，不仅要对各教学环节先有缜密的考虑，尽量安排好课堂的各个步骤和细节，并对教学活动的发展情况有所预计和估量，对可能出现的各种问题有比较充分的思想准备。同时，教师还要注意运用启发式的教学方式，调动起学生的积极性和主观能动性，唤起学生的求知欲望。这也是保持轻松和谐的课堂气氛的一个重要方面。启发式教学的关键是创造一种情景，诱发学生产生疑问，提出问题，激起学生积极的思维活动和求知欲，使学生置于教学活动之中，从而培养学生思考问题和分析问题的能力。

2. 充分了解学生的语言基础

教学的对象是学生，教师对学生要有所了解，主要包括了解学生已掌握的知识情况、学生的知识水平和语言能力等方面。充分了解了学生，在课堂教学、课堂提问中，就能做到有针对性，对难易不同的问题找不同的人回答。力争在每堂课中让每个学生都积极参与，让他们在轻松活跃的课堂气氛下学习。例如，对一些创造发挥和扩展性的问题，最好先让学习优秀的学生来回答。因为回答这些问题须具有一定的语言综合能力和口头表达能力。对一些目的在于检查学生对所学材料的理解和掌握程度的问题，应多提问中下水平的学生。如果这类学生也能顺利回答，这说明全班绝大多数同学都较好地掌握了所讲的内容。在提问中，千万不可冷落那些学习较差的学生，可以为他们准备一些比较简单的是非判断题，或者比较简单的可以直接从课本中找到答案的问题。

3. 对学生犯的错误采取正确的态度

学生在语言交流过程中，难免会出现一些错误。如何对待学习过程中出现的错误，存在着不同的观点。行为主义心理学认为，语言学习是个刺激—反应（stimulus-response）的训练，应有错必纠，以便形成正确的使用语言的动力定型。功能派心理学认为，学生在使用语言进行交流的过程中，犯错误是正常现象，它的出现属于不完善语言向完善语言的过渡。这种错误不必纠正，他们会在以后的语言交际活动中逐步纠正，只要在不影响完整理解的情况下，可大胆放手。笔者认为，在实际教学活动中，教师应避免过多纠正学生交际过程中出现的错误。学生本来就担心自己的语言表达不规范，担心给别人留下不好的印象。如果教师反复纠错，容易造成学生的心理负担和压力。学生怕犯错误，怕人笑话，因而采取"防卫式"的学习态度，不敢大胆开口，不敢参与课堂活动，在语言交流中，不注意自己想要表达的内容，而是考虑说的话有无语法错误，久而久之，会使学生感到课堂教学很压抑，一提起外语课，便如临大敌一般，思想极为紧张。在这种情况下，学生是无法掌握好语言信息的。对一些不影响交际和理解的错误，教师应采取宽容的态度；对于影响交际和理解的错误，教师应视具体情况加以引导。如采用"You mean...？""You say...？"等句型对学生说错的地方加以澄清。除引导以外，还可以采取自己纠正的方法，即让学生自己意识到自己的错误，然后自己加以纠正。教师发现学生的错误后，以不同的形式反复不断地重复正确的句子，学生随即会意识到他们自己所说的与听到的不同，于是自己将错误纠正过来。

（二）运用多样化的教学方法启发学生思维

为了使课堂教学生动活泼，吸引学生的注意力，使其身心都投入课堂学习，作为教师应根据教材的不同体裁及内容，交替使用各种教学方法，这样才能调动学生积极进行思维，提高学习效率。在外语教学过程中，教师应注意直观教具的使用。利用直观教具进行外语教学，不仅可以使外语教学过程变得生动、形象、直观，加深学生的印象，强化学生的记忆，而且容易引起和保持学生的学习兴趣，最大限度地调动学生的学习积极性。例如，对与圣诞有关的风俗进行介绍介绍时，可以利用许多直观的教具，如各种彩色的圣诞卡、外国人欢庆圣诞的彩色照片等，并在课间休息时间里，为学生放几首著名的圣诞歌曲。这种直观的教学能够引起学生的兴趣，调动学生学习的积极性。

（三）通过英语游戏激发学生的学习兴趣

我们都知道的一句关于教育和学习的名言就是“兴趣是最好的教师”。的确如此，只有充分调动起学生的学习兴趣，才会激发起学生学习的热情和积极性。有的学生比较贪玩和好动，他们对学习的兴趣还不高，尤其是英语的学习，很多学生英语语言基础较差，所以他们就对英语的学习失去了兴趣。我们应该利用学生的个性，将游戏运用到英语课堂的教学过程中，激发学生们的学习兴趣。

（1）课堂的游戏是为我们的教学服务的，所以游戏的设计一定要与教学的内容紧密结合。游戏的设计不仅要考虑教学的内容，而且还要根据学生们的心理和年龄的特点来进行，要能够充分地调动学生的整体的积极配合和参与。比如，我们在学习数字的单词的时候，可以利用幸运转盘的游戏来学习。首先，教师将有数字的转盘带到课堂中，可以提前问学生“What is the number？ Can you guess？”，此时让同学们举手说出学到的数字单词，比如 five、eight、ten 等，随后教师可以转动转盘，猜对的同学可以得到相应的奖励。其次，在学习工作种类的单词时，可以运用表演猜词的游戏来进行。比如，可以让一个同学站在讲台上进行表演，让同学们来猜测他表演的是什么样的工作，猜对的同学也可以得到相应的奖励。在整个的表演过程中，同学们会将自己会的单词都想一遍，这样在一定程度上就加深了同学们对于单词的掌握。

（2）英语课堂游戏的设计要将趣味性和启发性相结合，教师要善于抓住学生爱玩、爱动的天性，选择适合的游戏来进行课堂的教学。这样可以激发学生们的好奇心和好胜心，有利于学生对于知识的学习。比如，教师在进行单词的讲解的过程中，可以采用成语接龙的游戏来学习英语单词。例如，教师可以在游戏的开始给出一个单词，要求学生以该词的最后一个字母作为说出的单词的首字母，这样才算是合格，如果轮到的那个同学无法接上，就会受到一定的惩罚。比如，教师说 teacher，学生可以接上 right，等等，这样的游戏虽然比较简单，但是对于活跃课堂的气氛以及吸引学生的注意力和学习的兴趣有很大的帮助。而且，有些不常见或者是学过时间很长的单词也能够在这样的游戏中得到复习和巩固，对于提高学生的英语单词的储备有很大的帮助。

五、教学手段的改革

随着经济全球化的发展，我国与世界经济的融合程度越来越大，旧产业的淘汰、新产业的诞生，必然推动人才的知识、能力、素质的快速更新，接受英语教育已成为越来越多人的迫切需要。这从根本上刺激着英语教学手段的发展。

教育本身作为一种服务性行业，全球化使得我国直接面对着外来的竞争，一本教科书加一支粉笔这种传统教学模式已经不能适应社会的发展。国内外英语教学专家普遍认为，我国高校英语教学正酝酿着一场新的变革。随着计算机和信息技术的迅猛发展，网络远程教学、多媒体课件等将成为英语教学的崭新手段。

目前的英语教学模式还是黑板、书、粉笔、教师加课堂的方式，有的也用一点多媒体技术，但改变不大，由于学生数量多，有的学校甚至二三百人一个班上大课。这样的大班，只能是教师讲讲语法、翻译，再讲讲课文和笔头练习，教授口语很难。如果再不改变，不但影响教学效果，还会导致学生学习兴趣下降。

在英语教学改革的过程中，应对利用现代教育技术方面给予足够的重视，以网络技术为支撑实现英语教学模式的创新，使英语教学朝着个性化学习、不受时间和地点限制的学习、主动式学习的方向发展。同时，应体现英语教学的实用性、文化性和趣味性相融合的原则，充分调动师生的积极性，尤其要确立学生的主体地位。可见，教学模式的改革无疑是大学英语教学改革的核心。为适应大学英语教学模式的变化，提高大学生的英语综合运用能力，必须采用国内外优秀的教学资源和先进的计算机网络技术，精心设计开发大学英语教学多媒体课件为集中体现教育部大学英语教学改革精神，加强实用性英语教学，突出和加强大学生听说与交流能力的训练与培养，我们应注重和强调学生的中心地位，促进个性化学习和自主学习以解决目前大学英语教学所面临的师资不足、语言环境缺乏、教学观念和手段落后、重结果不重过程、学生的听说表达能力较差等问题。

（一）运用网络进行教学

随着计算机技术的发展，电子邮件和国际互联网不仅成为交际的手段，而且人们逐渐认识到它的教育功能。高速的网上查询，大范围的网上聊天，以及专业内的新闻组的建立为英语教学添上了现代化的色彩。英语学习从教室移到全球，从书本移到现实，远程网上教育、虚拟大学、虚拟图书馆如雨后春笋，层出不穷，电子出版物使英语教学的效率大大提高。由于基于互联网的英语教学组织逐渐增多，国际交流日趋频繁，英语教学质量将得以大幅度提高。

大多数人仅仅把互联网当成信息的载体，其实它真正的意义就在于信息本身，并且80%以上是英语信息，难怪有人把互联网称为盎格鲁—撒克逊（Anglo-Saxon，指纯正的英语）网络。网络本身提供了一个英语资源的宝库，它包含了新颖、广泛、生动、实用的英语素材，能够带你进入一个丰富多彩的英语世界，让你教好英语或学好英语。

因网络教育符合建构主义教育理论，因此使其在英语教学方法的改革中举足轻重。建构主义强调教学应以学生为中心，充分发挥学生在学习过程中的主观能动性，而不是以教师为中心、学生被动接受的传统的教育模式。基于网络的英语教学是信息时代计算机和通信技术应用于教育的新形式，它实现了适应性学习和智能化教学：所有的课程内容在网上发布（甚至可以包括听力练习）；学生在网络上学习，并完成作业，甚至参加考试；学生在网上参加讨论，向导师咨询、答疑，并可获取标准答案；所有教学计划安排都在网上发布，学生还可从网上注册或获取成绩单。

基于网络的英语教学具有以下主要特点：

①多样性。英语教学的内容和形式都突破了传统教育的局限，而具有丰富多彩的特点。在因特网上通过多媒体信息（图像、声音、动画、影像、文字等）的呈现，为学生提供了一个形式生动逼真、内容包罗万象的教学环境。

②交互性。在因特网支持下，英语教学过程中的教师和学生相互沟通，进行双向交流。学生可以通过网络向教师提出问题，教师也通过网络给予学生解答。

③实时性。通过先进的通讯和网络技术可以实现异地的教学同步，实现教师和学生交流的实时进行。

④针对性。学生可以自主地安排学习，包括学习的内容、时间和进度。教师可以根据学生的学习情况（包括进度和效果）及时地调整教学内容，有针对性地、个别化地“因材施教”，达到最佳的学习效果。

⑤共享性。网络的重要特征就是信息资源的共享。这些信息来自不同的国家和地区、不同的学科领域，所有的网上用户共享这些信息资源。

⑥开放性。教学内容总是最新的、开放的，它克服了传统教学手段在时间和空间、教学内容以及教学对象上的种种局限。

⑦基于网络的英语教学信息量大、方式灵活新颖，在网上学习如同在知识的海洋中遨游。网络教学还可在很大程度上解决跨区域师资优化组合分配的问题。

网络英语教学主要采用两种教学模式，一是同步式教学模式，它是采用定时的方式，实现实时交互的多媒体教学模式。实现手段以视频广播和IP组播等为主。二是异步式教学模式，它是采用非实时交互的多媒体教学模式。实现手段以 Web 浏览和视频点播方式为主。

视频广播、视频点播、E-mail、VIV、BBS 等不同的实现手段各有其优劣，不同的手段适用于不同的教学模式和教学环境。学习者可以在因特网上通过视频广播实时观看名师的授课内容，也可以非实时视频点播已有的教学录像或多媒体课件。此外，教师可以将教学内容编制成超文本标记语言文件，放在 Web 服务器上，学习者通过浏览网页的方式学习，可自己支配学习的时间及内容。学习者可以利用 E-mail 或 BBS 向教师求教或提交作业；教师可以通过 E-mail 或 BBS 来答疑、发布教学安排、教学计划甚至作业等。需要强调的是多种技术的同时使用比只使用单一技术的教学效果要好得多。

（二）运用多媒体进行教学

传统的英语教学，教学手段单一，课堂气氛相对沉闷。多媒体计算机的应用打破了传统的教学模式，将数据、文字、图像、动画、声音等信息有机地结合在一起，图文并茂、形象逼真、丰富多彩，这种生动活泼的教学方式，大大提高了学生的学习兴趣，从而使他们产生了强烈的求知欲望。例如利用多媒体教学英语单词时，把单词加上声音、图像、动画等，通过语音、录像、光盘课件等授课材料能把较为真实的情景呈现在学生面前，对学生进行多重器官的刺激。学生从课件中，既听到单词的读法，又看到一些实物的图像，再辅以纯正的英语去朗读单词或句式，并通过播放宠物的生活片段，帮助学生了解宠物的习性，使学生听其声，观其形，身临其境，极大地吸引了学生的注意力。

1. 提供交互式学习环境

通过学习者与计算机之间的一系列相互作用完成各种教学功能。计算机提供信息—学生反应—计算机进行判别与处理，这种工作可以反复进行。直到计算机认为学生已学会为止。这种交互式的方式使学生能及时得到回馈信息，知道自己做对多少，做错多少，以及为什么错等，随时了解自己的学习情况，不断调整自己的学习步调、速度及难易程度。这样就可以改变传统课堂教学中强制学习程度不一的学生被动地接受同一模式及步调的严重缺陷。可以做到因材施教、因需施教，发挥每个人的最大能动性，激发学生的求知欲。而且在这样的学习条件下，学习者精力集中持久、记忆力强、不易疲劳，有利于学生的身心发展，提高学习效率。学生还可以通过分段放像、选择放像、定格观看等形式充分理解所看资料的内容，这些都是由学生自己控制的。然后，根据有关内容口头回答计算机提出的问题，通过人机对话模拟教师与学生的双边交谈。就这种人机交流的功能来讲，以前的任何一种教学媒体都是望尘莫及的。总之，计算机多媒体技术使学生主动参与学习过程、个别教学及独立获取知识信息成为可能。

2. 创造良好的语言环境

心理学研究表明，外部环境对受传者有较大的影响。要培养学生的交际能力，为学生创造英语语言环境，提供语言实践的条件和机会，最大限度地克服非英语环境下进行外语教学的局限是非常必要的。我国的学生每时每刻都处于一种本族语的环境中，即使在教学中也侧重书本教学，课堂上很少能听到地道的英语。因为教师在课堂上大多使用课堂式英语，学生无法准确地使用交际语言。当然，让每个学生都置身于目的语学习的环境中，或引进目的语教师也是不现实的。计算机多媒体技术在弥补这一缺陷、创造外语环境方面具有十分明显的优势。由于多媒体的信息存储与处理过程都是数字化的，因此最有利于实现高质量的图像与声音的再现。学习者不仅可以听到地道的语音、语调，而且能直接看到对话的环境和现场，说话人的表情、神态和姿势等，从而使自己有一种身临其境的直观效果，有助于他们对语言的理解、吸收与模仿，使他们不知不觉地进入用英语思考和解决问题的境界。总之，多媒体技术为语言教学提供了丰富的学习环境，能使教材的思想性与艺术性充分地结合，逻辑性与直观性同时并重，创造出与讲授内容相关的丰富生动的语言环境，不但对学生具有极大的感染力，而且增强了他们的联想能力。学生在这种交际环境中相互感染，相互学习，逐步提高自己的语言能力。

3. 使所传输的信息便于接收记忆

心理学试验的资料表明，一个正常人的五官对于知识的吸收率中，用视觉所接收的信息占83%，用听觉的占11%，用嗅觉的占3.5%，用味觉的占1%，用触觉的占1.5%。五官中，视、听器官的接收率占94%。显而易见，视觉和听觉在感知方面起的作用最大。多媒体教育模式可以做到声图并行、音像并茂，把学习者的视、听和发音等感官有机地结合起来，刺激多种感觉器官，有利于调动学习者的主观能动性和积极性，从而可获得较高的接收效率。

计算机多媒体技术具有交互性、形象性和高效性等特点，可以使学生获得学习主动权，从而激发学生的学习兴趣，提高学习效率；同时还可以减轻教师的部分工作负担，特别是能把教师从繁重的讲授及批改作业中解放出来，以便他们将更多的时间投入到教学改革、进修或提高业务水平等工作中去。

目前，市场上的英语教学多媒体软件也不少，它们从技术上来讲已研制得较为成熟，充分地发挥了多媒体在辅助外语教与学中的作用。但这些软件的学习内容与大学师生对其要求尚有一定距离，尤其缺少一种以大学英语教材为原本，旨在为教师的教学提供丰富资源和为学习者的学习提供良好环境的软件。通过现代教育技术实现的个性化、交互性和体验性的教学效果的大学英语课堂，一定能为提高大学英语教学质量奠定坚实的基础。当然，一项新的教学模式能否成功，其关键因素之一就是教师的认识能否到位。因此，教师要主动适应新的教学模式。

同样需要引起我们注意的是，不能将这种新的教学模式等同于趣味教学。在大学英语教学中需要强调学习的趣味性，但不能只片面强调趣味性。为了提高学生的学习兴趣，许多英语教师做过多种尝试，如在课文的讲解当中加入大量的英语文化背景知识，讲英语小故事、教授英文经典歌曲，有些教师甚至把英文原版影片带到课堂上给学生观摩，有的教师还自制了“很有趣味性”的多媒体课件。事实证明，过度地使用以上手段，虽然会在短期内促进学生的学习兴趣，学生变得爱上英语课了，但学生只对这一部分有意思的“教学内容”感兴趣，而当教师真正切入正题时，他们就开始左顾右盼，注意力分散，甚至变得不耐烦起来。在这种“趣味教学”当中学生只记住了有限的几句口语，听懂了几个单词，而学生分析句子、阅读较长文章、写作和对英语语言的运用能力并没有太大的提高。因此，学校和教师在按新的教学模式要求选用或开发多媒体课件时，一定要围绕教学目标和教学效果，而不是片面强调“趣味性”。教师在按新的教学模式组织教学活动时，切忌“迷失自我”，千万别忘记“导演”的职责。

第二节 强化英语教学中的文化教学

一、强化文化教学的必要性

随着全球经济的融合，中国与世界其他国家的交流与合作更加频繁。全面提高英语教学的效率和质量，提高学生的英语实际应用能力，不仅是中国经济发展的迫切需要，也是中国高等教育的当务之急。教育界越来越认识到语言与文化之间的关系已成为英语教学中的一个重要课题。英语教学不仅是语言知识的教学，也是文化知识的传播。因此，是否将跨文化教育纳入英语教学内容是区分传统英语教学与现代英语教学的主要标志之一。因此，在尊重不同文化的前提下，大学英语教学应渗透到有目的和有计划的教学中，促进不同文化之间的相互理解和相互学习。

（一）是英语教学发展的需要

人们的语言表现形式总是受到各种社会文化因素的制约，中国人在跨文化交际的语境中因为文化障碍而碰壁的“文化冲击”（culture shock）现象时常出现，据统计，文化错误（cultural mistakes）要比语言错误（linguistic mistakes）严重得多。只有具备一定的跨文化交际能力，演讲者才能有效避免不同文化背景下的沟通障碍和沟通摩擦，顺利实现沟通的目的。因此，英语教学不仅是语言教学，还应包括文化教学。任何国家语言都是民族文化的重要组成部分和载体。在语言材料中，章节，句子甚至每个单词都包含有关国家的文化信息。英语教学与文化教育相结合，有助于学生开阔视野，拓展知识，加深对世界的认识，学习和吸收外来文化的精髓，提高文化素养。这已成为大多数英语教育工作者的共识。

（二）是中国社会经济发展的客观需要

随着中国改革开放的深入发展和国际交流的日益频繁，中国需要越来越多的国际人才从事国际贸易、处理国际事务。国际人才标准不仅是知识结构的优化和语言能力的强化，也是文化观念的国际化，了解外国文化传统和传播礼仪，具有跨文化交际能力。跨文化交际能力是在两种文化相互理解的基础上，通过文化的双向交流和互动实现的。为了能够顺利和优雅地与外国人交流，拥有丰富的词汇和流利的语言技能是不够的，他们还必须了解他们的历史、习俗、生活方式和价值观，培养具有国际竞争力的英语人才，满足中国科技、经济、文化发展的需要，重视大学英语跨文化教学，注重高校英语教学，从而培养学生听、说、读、写的能力，在综合沟通的层面上培养实用的沟通技巧。在大学英语教学中，要注重文化差异的引入，加强学生对不同文化背景的理解，扩大学生的知识面，有利于形成学生的跨文化交际能力，为培养国际化人才奠定良好的基础。

（三）是促进大学生社会性发展的需要

人是社会中的人，并承担某些社会角色。个人和社会是相互依存和相互依赖的。人们必须在社会中学习生存和发展，学习不能脱离社会的各个方面。通过学习和引导学生了解与自己生活密切相关的社会环境、社会活动和社会关系，他们将继续丰富和发展自己的经历和情感，加深对自我、他人和社会的理解，在此基础上，养成良好的行为习惯，形成社会的主导道德价值观。大学教育是大学生社会发展的动力。今天，中国年轻人的社会目标更加多样化和社会化，应利用跨文化教育培养学生与不同人的合作意识，提高跨文化交际和沟通技巧，帮助他们实现世界的发展和社会的进步。我们应该认识到，英语教学中的跨文化教育并不含糊。社会发展也会使人际交往更加频繁，注重跨文化教育，增强不同文化的认同和包容性，能够培养学生相互尊重和平等合作的精神和能力。

（四）是实现民族自立自强的需要

面对中国经济地位相对较弱的现实，要实现中华民族的伟大复兴和民族的自力更生，必然要将学会英语作为获取西方智慧，辩证吸收、内化和融合的途径。与此同时，应该清醒地看到西方文化给中国带来的巨大的影响。这种文化激流与疯狂是一把双刃剑，一方面在文化科学交流、外交、对外贸易、外债等外交事务中发挥着积极作用，另一方面也给意识形态领域带来了严峻挑战。随着改革开放的深入，中国综合国力不断增强，国际交往日益增多。这个国家需要的是对世界有深刻理解并对外国文化有深刻理解的人才。这要求我们在大学英语教学中重视跨文化教育，并将其提高到应有的水平，使学生在实际交际中具有多元文化的包容性。有鉴于此，跨文化教育在英语教学中具有深远的意义。

（五）是顺应高等教育国际化发展趋势的需要

巩固和提高世界高等教育的主流意识是进一步深化高等教育办学理念的基础。跨文化教育的实施已成为高等教育发展的必然趋势。它有助于我们学习国外先进的教育理念和办学模式，理性地对待中国的高等教育和民族文化，并考虑全球和国家问题。找到经验与国际经验相结合的点，从而把握主流意识，创新发展，突出特色，进一步推动我国高等教育的发展。随着全球经济一体化进程的推进，中国高等教育中外合作办学继续发展。在办学过程中，由于教育主客体多元化、教育环境多元化、信息来源多样化、思维方式多样化、社会风俗多元化，人才培养过程不可避免地受到不同文化的影响。因此，研究中外合作办学过程中的跨文化教育具有重要意义。首先，中国的高等教育不仅面临国内市场的挑战，也面临着全球大规模市场的挑战。对国际人才的需求在全球范围内不断增加，这无疑有助于世界各国高等教育的发展和改革。

其次，中外合作办学是世界各国文化平等、交流与融合的有效形式。跨文化教育被视为促进国家与国际社会经济交流，应对世界各国特别是开放经济国家国际经济竞争挑战的战略手段。各国商品、服务和信息的全球一体化，特别是人员的跨境开放，使高校成为加速全球一体化进程，增进相互了解的最有效途径。也可以说，高校已成为前所未有的国际竞争的重要代表。办学多元化发展，使得越来越多的高校通过各种方法不断提高软实力，逐步注重培养各类高层次人才的全球意识和国际交流能力，以及跨国工作的能力，重点推动跨文化教育的发展。此外，教育工作者和科学家都必须实现国际交流，以取得国际公认的成果。在这种交流中，必须有思想和文化的交流。作为一种交流工具，英语必须符合这一趋势。因此，在加强英语教学的同时，必须加强文化教育。使这种文化载体和传播媒介充分发挥传播和整合不同地区和不同属性文化的作用，促进国际经济交流和科学技术的发展。因此，在英语教学中，应鼓励比较研究方法，加强跨学科课程，增加人文社会科学知识，加强院校学科、专业、课程之间的交流，增强互补性。结合英语教育和外国文化教育，培养人才走向复合型知识结构的方向，使跨文化教育发挥应有的作用，促进社会经济效益的发展。中国的高等教育部门和学校应该重视和加强跨文化教育，使我们培养的学生不仅要了解世界文化，还要成为中华民族文化的传播者。此外，突破文化差异的障碍，掌握不同文化差异背后的共同性和规律，也是大学加强跨文化教育的重要使命。在世界范围内，不同文化背景的人在相互交流时会产生误解，甚至可能造成文化冲突。有效的方法是实现跨文化教育，增进相互的国际了解和尊重。所有这一切都取决于高等教育。要加强与世界先进国家的交流，迎接高等教育国际化的新发展趋势，就要求跨文化教育应该在英语教学中提升到适当的水平，吸引足够的注意力，改变观念，提高认识，尽快采取措施。

二、文化教学的目标和内容

确定目标和标准是教学计划和教学实践的第一步。跨文化英语教学近几十年来在美国和欧洲等国家发展很快，跨文化英语教学这一术语的使用目前并不统一。这里所指的跨文化英语教学在吸收这些理论思想的基础上，将跨文化英语教学思想又向前推进了一步，形成了具有中国特色的跨文化英语教学框架，确定教学目标，界定教学内容是这一框架的两个重要环节。

（一）文化教学的目标

大学英语文化教学通常有两个目标。一是帮助学习者掌握一些基本的词汇和语法，使他们成为学习者的工具，不仅能阅读英文报纸、杂志、学术书刊，而且还能够用英文写文章、论文和学术报告。另一个目标是帮助学习者克服自身语言障碍，学习另外一个国家的文化，提高交流能力，完善英语文化知识，并形成对母语文化和目标语文化差异以及相似性的敏感意识。

基本上来说，语言教学即把目标语文化传授给学习者；语言学习即学习目标语文化以及相关知识，提高与母语为目标语的人的交流能力。为了达到这些目标，首先，在英语文化教学中培养学生的交流能力至关重要，实际上，交流能力比语言能力所要求建立的基础更为广泛，它包含多种方面而不仅仅是语言形式。尽管很多语言学家从不同角度对文化学习进行研究，但他们一致认为文化能力是除听说读写等基础语言技能之外的一个重要部分。因此，提高学生的文化能力已经成为大学英语文化教学的一个重要目标。

（二）文化教学的内容

跨文化英语教学的目的包括知识、能力和态度三个层面，因此教学内容也应该全面考虑学习者这三方面的需要。下面我们来对所列出的教学内容进行分解。首先，跨文化英语教学内容由四个模块构成：目的语言、目的文化、其他文化和跨文化交际能力。目的语言和目的文化这两块的内容与我们现行英语教学的内容基本吻合，通过这两方面内容的学习，学习者能够掌握目的语言知识，并能使用该语言与目的语言群体进行有效交际，这就是英语交际能力。值得一提的是，在这两个模块中分别增加了“语言意识”和“文化意识”两项内容。将语言意识列为教学内容是希望学习者通过学习目的语言，反思自己的母语，了解语言的普遍规律，尤其是了解语言与社会和文化之间的关系。同样，培养学习者的文化意识是为了让他们了解文化的构成、文化的作用、文化的发展规律等文化相关知识，文化意识是跨文化意识和跨文化交际能力培养的基础。此外，文化交流作为目的文化教学内容的组成部分，指的是学习者本族文化和目的文化之间的交流。即学习者在学习目的文化知识的同时，不断寻求机会，或由教师创造机会，去体验目的文化，并且反思本族文化，将目的文化与本族文化进行比较，以增强对文化差异的敏感性，培养对目的文化的移情态度。值得注意的是文化交流与语言使用应该属于同一个内容范畴，因为它们通常是相伴而行、同时进行的。文化是交流的内容，语言是交流的手段。

英语教学内容的第三模块是其他文化的教学。这是跨文化英语教学不同于其他以文化为基础的英语教学的特点。如果说英语交际能力是以目的语言和目的文化的掌握及应用为目的，那么跨文化交际能力则是一种以学习者母语和本族文化以及目的语和目的文化的学习、交流、反思和体验为途径，同时兼顾学习和了解其他语言和文化的特点，进而超越各种具体文化束缚的一种灵活的交际能力，是以与来自世界各种不同文化的人们进行有效交际为目的的能力。如果英语教学完全排除其他文化的内容，势必会造成学习者徘徊于本族文化和目的文化之间，而忽略了其他文化的存在。这不利于培养学习者的跨文化意识，也不利于跨文化人才的培养目标的实现。虽然英语教学由于时间和精力的限制，不可能让学习者同时全面学习和体验多种不同的文化系统，但是在一定程度上了解除本族文化和目的文化之外的其他文化的特点是可行的，可以通过教学材料的选择和教学方法的设计来完成。

跨文化英语教学内容的另外一个范畴是跨文化交际能力的培养，它包含的教学内容很多。其中跨文化意识指的是对文化差异敏感性和态度的培养，跨文化交际能力是一个宽泛的概念，是一个包含知识、能力和情感各个层面的综合素质，而跨文化交际实践，作为教学内容之一，主要是由教材和教师提供或创造跨文化交际的机会或情景，让学习者去体会跨文化交际过程中可能出现的问题，如文化冲撞、误解等，在教师的帮助下，他们从中学会自我调节，掌握解决问题的方法。在这个教学内容模块中还包括了跨文化研究方法的教学，其意义在于跨文化交际能力的培养是一个终身学习的过程，学习者不可能在学校教育期间学习世界所有不同的文化，英语教学也不可能预计学习者将会遇到的各种跨文化交际情景，因此掌握跨文化研究的方法是最现实、最有效的途径。

三、提高学习者的文化能力

为了提高学生的文化能力，我们必须要了解学习者所发生的几个变化。教师首先需要做的是帮助学生转变思想和观念，提高学习外语国家文化知识的意识。学习者要在英语学习的过程中学习外国文化，有关外国人民生活的知识，比如他们的生活方式、他们的国家、他们的文化成就都需要在英语学习中有所体现。当教师们在考虑给学生讲授的内容和方式时，应不仅重视知识本身，同样还要考虑怎样利用这些知识来提高学生自己学习外国文化的能力。当学习外国文化的时候，学生能够利用已有的本国文化知识并与新的文化知识输入产生联系。通过学习，学习者把可学习的外在知识内化成自身的知识，从而提高自身的文化交流能力。

然而，具备了外国文化的相关知识并不意味着了解了外国文化。对于中国的外语学习者来说，提高对外国文化的了解最有效的方式就是加入目标语文化社团，但是这种方式对于大多数中国外语学习者来说又很不现实。“文化教室”可以成为学习者开始了解外国文化的真实环境。教室是一个人为创造的文化环境，在教室里，学习者的内在社会心理碰到了另一种不同的外在社会心理。在课堂上，文化由学生之间或者是师生之间的对话而创造，通过这种对话，参与者不仅能够复制一个特定的文化环境，而且由于它是由另一种语言创造的，它还有形成新的文化的可能。

除了以上文化教学的各种方法之外，我们还可以在促进教师和学生改变教学观念的基础上，通过对传统英语教学方法和手段进行改革，开发出一些将文化教学与英语语言教学有机结合的方法。

1. 通过文学作品分析来进行文化教学

文学作品分析是语言教学的一个常用手段，中国很多英语教学活动都是通过分析和欣赏文学作品来进行的。文学作品蕴含丰富的文化内容，语言形式和文化内容在此得到完美结合，因此在文学作品分析的过程中同时进行语言教学和文化教学不仅是可能的，而且也是必要的。实际上，传统的语言教学在分析文学作品时并投有避而不谈文化内容，只是教师没有将文化教学列入教学目标。文化内容的讲解服务于语言教学的需要，处于一个从属、次要的地位。要改变这一现状，我们必须在确定教学目的和目标时，考虑文化教学的需要，使文化教学内容和语言教学内容并列成为教学关注的对象，利用文学作品是语言和文化完美结合的优势进行跨文化英语教学。

2. 词汇教学与文化教学的结合

任何语言的词汇都承载着丰富的文化信息，每个词所包含的文化内涵是任何词典都无法穷尽的。如“早饭”一词在汉语、英语和法语中，不仅表达形式和发音不同，而且其文化所指也不尽相同。此外，不同语言中的词汇还反映说话者不同的价值观念。正因为词汇及词汇的使用具有浓厚的文化特点，我们在进行词汇教学时不能只停留在词汇的意思和用法上，还应该介绍词汇包含的文化内容，尤其是要呈现词汇在真实文化语境中具体使用的情况。就目前的英语教学而言，词汇教学中文化教学的潜力没有得到充分挖掘，教师通常呈现给学生的都是从词典下载的词义解释，很少能将词汇所蕴含的文化意义介绍给学生。另一个问题是学习者在学习生词时通常处于被动接受的状态，这就导致他们所学的词汇成为一组僵化的符号，无法在真实的交际活动中加以运用。在对词汇的本意、比喻意义和文化内涵进行全面介绍的基础上，还应该将它们置于真实的文化语境中进行操练，让词汇知识转换成词汇使用能力。例如，教师在讲授描写人物的形容词时，除了介绍词义之外，还可以选择一些来自本族文化或目的文化的、真实的历史人物或当代人物，用这些形容词来进行描述；也可以让学习者用这些形容词来描述自己。这样做，学习者既可以学会这些描写形容词的词义，也能了解它们的文化内涵，还有机会接触来自不同文化背景的历史人物故事。显然，这种词汇教学方法将词汇教学与文化教学有机结合，不仅使词汇学习生动有趣，而且将文化学习落到实处。语义场的使用也是词汇教学与文化教学有机结合的一种手段。

3. 阅读教学与文化教学的结合

阅读教学被认为是最容易与文化教学联系起来的教学活动之一，因为只要选择那些包含文化内容的阅读材料即可实现语言教学与文化教学的有机结合。然而，事实并非如此，目前很多阅读教师并不能很好地利用阅读教学的这一优势进行有效的文化教学，或是因为受传统的以语言形式为中心的教学思想的影响，或是因为对目的文化知之甚少，阅读教师致力于提高学生阅读速度和阅读理解能力的同时，关注的是语音、语法、词汇、句型和翻译等语言学习的内容，在很大程度上忽视了阅读篇章中蕴含的文化信息。即使谈到相关文化的某些内容，通常也不是以增强学生的文化能力为目的，而是帮助他们更好地理解篇章本身。总之，目前英语阅读教学并没有将文化教学列入自己的教学目标和内容，因此有关文化讨论也不是真正意义上的文化教学。

要真正实现阅读教学与文化教学的有机结合必须在确定教学目标和教学内容时考虑文化教学的需要，在实际教学中可以通过设计读前和读后任务将学习者的注意力吸引到篇章内容上，进行相关文化的讨论和学习。例如，在阅读一篇关于美国饮食文化的英语文章前，可以提出一系列有关学习者本族文化中饮食习惯的问题，让他们进行读前热身，然后建议他们在阅读文章时注意美国饮食文化与自己的饮食习惯的异同。读完文章后，让学生在回答有关美国饮食文化的相关问题的同时，进行文化对比。教师对语言点的解释可以插入到讨论中，也可以在这些文化教学活动结束之后，但不能让语言形式的学习压倒篇章内容的理解和文化内容的讨论。

4. 听说教学与文化教学的结合

阅读有利于学习者学习和了解相关文化知识，听说活动则使他们有机会切实感受跨文化交际过程，提高交际能力。无论听说，都必须以内容为基础，因此内容的选择和安排至关重要。我们首先要保证听说的材料和主题必须是真实的，具有代表性的，能够真实反映目的文化或本族文化的不同侧面。其次，在跨文化英语教学中，由于英语教学和文化教学同等重要，所以在编写听说教材时不仅要考虑学习者的语言水平和语言学习的需要，还应注意文化内容的系统性，即将语言教学的需要与文化教学的需要结合起来作为选择和安排教学材料和内容的依据，使学习者系统地学习文化知识，增强文化能力。当前的英语听说教学虽然比较重视材料的真实性，所选材料基本上都具备文化教学的价值，但是在文化内容的选择和组织上比较随意，缺乏系统性，这实际上也是整个英语教学不能最大程度发挥其文化教学功能的主要原因。

此外，跨文化英语听说教学应该充分利用多媒体教学手段，这不仅有利于提高学习者进行语言交际的积极性，更是跨文化交际能力培养的需要。日益发展的多媒体技术为在英语教学中进行文化教学开辟了新的道路，它可以将各种跨文化交际情景真实地呈现给学习者，让他们有一种身临其境的感受。图文并茂、音像俱全的听说材料使学习者的各种感官受到刺激，特别有利于从情感和行为层面上培养他们的跨文化交际能力。

总而言之，语言和文化的关系决定了文化教学的重要性。国际交流使得文化信息的来源越来越多样化，并且为文化教学的内容提供了更广的选择范围。尤其在大学英语教学中，迫切需要教师不仅提供文化知识，而且还有文化交流知识。因此，培养学生的文化意识，提高文化理解能力是大学英语文化教学的主要任务和目标。

无论是教师还是学生都应该意识到文化差异会给语言学习带来一定的障碍。英语学习者应不断提高对文化差异的敏感度并意识到文化差异对交流的影响，提高解读和学习其他文化的能力，这种文化知识是隐藏在跨文化交流之中的。掌握第二外语的文化并不是一件易事，在学习的过程中避免不了各种错误。因此，教师和学生都要努力在文化教学和文化学习中避免错误的发生。简言之，文化知识是一个起点，文化意识是文化知识和文化理解之间的桥梁，最终的目标是通过文化教学提高英语学习者的英语水平。

第三节　完善英语教学的教师评价体系

一、教师课堂教学评价体系的构成

教师评价作为教育评价的主要组成部分，经历了一百多年的发展，现已逐步走向成熟，走向客观、科学、公平、全面的发展方向。教师评价的根本目的是充分发挥教师评价的指导、激励和提高作用。通过评估过程的反馈和调节，鼓励每位教师不断总结和不断完善自己的工作，调动教师的积极性和创造性。同时，它还促进学校领导不断加强教学团队的管理和建设，最终达到全面提高学校教学质量的目的。

（一）学生评价

作为学校教学活动的主体，学生有权参与学校的教学工作，教学评估自然包含在内，因此也有权评估教师的教学并要求教师改进教学。学生正常参与教学活动，对教师的教学内容、教学方法和教学计划有着充满活力的观察和理解。因此，他们对教师的评价是最客观的。

大学英语教学不同于其他理论课程，它要求通过学生和教师之间的语言实践进行语言学习，并不仅限于丰富而有趣的教学内容。语言本身是一个动态发展的过程，因此教学中使用的语料库也需要不断更新。此外，学生是课堂活动的主体，学生的参与也会影响教学效果。因此，该评价体系突出了大学英语的学术特色。

（二）专家评价

当然，学生评价不能成为教师评价的唯一标准。教师课堂教学活动是综合能力的体现。学生的观察角度通常基于个人经验，由于学生的评价受到个人经验和理论知识的限制，很难达到客观公正。因此，教师评估不可避免地要引入专家评估。专家评估的角度是衡量一个班级的质量和教师教学的专业水平。

（三）社会评价

家长是社会的主要成员，作为学生的父母，自然十分关心自己孩子在校受到什么样的教育。促进家校协同也是学校教育的重要职责。因此，家长评价是促进家长了解学校和教师，形成家校合力的有效途径。学校定期召开学生家长会，或向家长发放调查问卷，让家长主动地、积极地参与听课和评课活动，征求家长对学校和对教师的评价。针对教师对学生的教学方法、思想教育、班级纪律、家访情况提出他们的见解和看法，以便于教师更好地做好教学工作。

（四）同行评价

同行评价是实现双赢的一种方式，进行评估的教师可以从教师教学的专业角度在各个教学过程中找到不完美的链接或细节。同时，评审人员还可以使用评估教师课堂的观察结果来充分发挥自己的作用。

在同行评估过程中，应该注意的是，同伴是最知道专业、教学材料和学生的专家。在课堂观察中，同伴的观察角度和焦点更接近评估者自身。但是，还应该注意到“术业有专攻”，不同的教师可能会有一些不同的侧重点。因此，在同行评估过程中，评论者和评论者之间的沟通尤为重要。

（五）自我评价

教师自我评价是教师评价的核心。它是一种内部机制，教师可以通过了解和分析自己来提高自己，从而实现自我完善。大学英语教育是一种语言教育，语言传统上具有传递信息和表达的社会学功能。它也是认知和思考的工具，具有心理认知和逻辑思维的心理功能。这就决定了除了其他高校教师必须完成的教学目标和任务外，大学英语教师还因其学科特点，负有传播文化背景知识和习俗，培养思维方式的责任。这些责任超出了教学范围，并融入了大学英语教学中，但一些专家或同事在听一两节课时不能认识或感受到这一点。因此，此功能需要学生评估和教师自我评估。

二、评价的操作过程

在这一评价体系实施过程中，专家评价和同行评价应选在学期期中前后，这样可以保证教师和学生进入教学学习状态，并有了一定感情基础，使得教学活动能够正常开展，从而，确保评价的真实性。

教师自评可以放在学期教学活动结束的一周，这一周中教师的自评是教师反思个人课堂教学的最好机会。一方面，对刚刚进行过的教学记忆犹新，另一方面，教学活动已经结束，教师有更充分时间反思教学行为，这样的评价，对于教师自身发展更有效。

学生作为课堂教学的主体，在课堂教学中占主要地位，是课堂教学常态的观察者，同时又是课堂教学的参与者，所以学生评价也该在一学期的课堂教学结束后进行。而学生的评价会受到学生对英语的好恶和个人情感的影响，所以在学生评价之前要对学生进行评价培训，并要求学生尽量公正地参与评价。

三、完善教师评价体系的意义

教师评价重要意义不仅在于它是一种有效地提高学校教育质量的有效手段，而且也是一种推动教师专业发展的手段，同时，它也是学校管理中不可缺少的重要手段。归结起来，教师评价的意义与作用在于以下四个方面。

（一）有助于鉴定教师的资格

作为专业人员，教师的素质和能力结构必须符合一定的标准。借助教师评价，我们可以衡量个体教师的素质是否符合教师的标准，衡量他 / 她是否适合承担特定的教育教学任务。评价的结果可以运用到教师聘任、教育教学工作安排、教师人员调动与配置等方面，避免只看学历而忽视实际教育教学能力的现象。

（二）有助于评判教师的工作业绩

教师评价可以评判教师在工作过程中是否忠实地履行了他 / 她所应尽的职责，是否完成了所规定的教育工作任务，是否达到了应达到的教育教学要求。

（三）有助于教师素质的提高和教育教学工作的改善

科学的教师评价能够帮助教师发现其以往工作中存在的问题，找出其业务素质和业务水平上的薄弱之处，并在分析原因的基础上，总结成功的经验和失败的教训，提出新的促进专业发展的意见和建议，以逐步提高自身素质和业务水平，推动教师改进教学方法，提高教育教学质量。

（四）有助于实现教师队伍的科学管理

教师管理是学校管理工作重要组成部分，一所学校管理工作的好坏在一定程度上取决于教师管理工作的质量。因此，高质量的教师管理是每所学校追求的目标之一。为了实现对教师的有效管理，学校领导必须充分掌握每位教师的情况，包括教师的基本素质和专业素质，教师在教育教学过程的行为表现，以及教育教学的实际效果等。只有这样，学校才能制定出适合本校实际的教师队伍建设目标和学校教师发展策略，才能对教师因人指导和因人要求，以实现学校教师队伍的整体发展。因此，教师评价是帮助实现学校管理目标的重要手段。

大学英语教学由于语言的时代特征被赋予了动态发展的特点，所以，大学英语教师课堂教学质量的评价体系也不可能是单一的、一成不变的。作为大学英语教师绩效评价的一部分，大学英语教师课堂教学评价应该立足于促进教师的个人教学发展，忠实于英语学科的特殊性，力求公平、公正、科学、合理地对教师的课堂教学做出评价。因此，构建多元的动态的课堂评价系统不仅可以对教师的课堂教学起到监督、检查、管理的作用，更重要的是，它可以促进大学英语教师提高自我意识，以自身发展为目标不断提升个人的专业素质、不断地对个人教学做出反思，进而提高大学英语教师的课堂教学水平。

第五章　语言文化视域下的教师自身素质培养

社会生活的信息化和经济的全球化，使英语的重要性日益突出。英语作为最重要的信息载体之一，已成为人类生活各个领域中使用最广泛的语言。在英语课堂教学中如何把单纯地灌输知识转变成培养和发展学生语言运用能力和思维能力，使学生变盲目学习为主动学习，关键还是教师。常言道，“学高为师，身正为范”。教师要想在英语教学中实施素质教育，发挥主导作用，培养学生的创新意识，使学生的能力得以发展和提高，教师本身必须具备较高的素质。

第一节　明确教师的角色定位

一、大学英语教师角色定位的必要性

（一）传统大学英语教师角色遭受挑战

首先，以往教师在课堂上主要授课方式是满堂灌教学型，即以教师为主导地位的授课方式，整堂课基本上只有教师在讲授知识，学生以听为主，因而学生的交际能力难以在课堂上得到充分锻炼。而现今，国家迫切需求高素质的外语人才，要求也越来越高，传统的授课模式已满足不了社会对综合素质外语人才的培养需求，换言之，传统教师的角色不再适应社会的发展。其次，有不少学生在中学阶段的英语水平就已经达到了大学英语四级的标准，而有些大学英语教师仍在课堂上围绕四、六级讲课，从词汇到语法不断地给学生灌输，这难免会让一部分学生产生厌烦心理。可见，传统的授课方式满足不了外语人才的培养要求，大学英语教师角色必须要重新定位。

（二）英语教学实用性的要求

我国历来重视英语教育的发展，并且人们学习英语的热情从未减少。很多孩子从上幼儿园起，家长就请教师来教孩子英语，各种培训班更是广泛招

学员来报名学习托福、雅思等。尽管有很多人参加各类英语培训班，但大多数人都是为了出国留学、职称需求或者应试教育的要求而学习英语。目前国家需要的是应用型人才，那种只是将英语视为考试科目，而非实用工具的人不能满足社会的需求。因此，英语教师更要从以往传统的角色走向现代角色，要从过去应试教育传授者的身份，变为应用型人才培养者。

二、高校英语教师如何明确自己的角色定位

高校英语教学面临着师资不足、大班授课、分级教学的现状，而在这种现状下，高校英语教师应明确自身角色定位。首先要了解学生的思维状态，充当心理及语言教师的角色。关于中国大学生英语学习动机与自我认同的社会心理研究表明，“研究的实践意义在于能够拓展英语教育工作者的视野。从而将语言知识和技能的学习与人的整体‘素质’的培养结合起来”。不仅要传授语言知识，符合教学大纲的要求，同时肩负着培养学生的抽象逻辑思维、创造批判性思维以及思维的广度和深度的任务，以达到培养学生综合素质的目的，符合时代的要求和需要。

（一）教师的品德角色

应该明确，青少年是社会的希望和未来。现在的青少年就是未来的主人和栋梁，将担负起建设祖国、走向世界、开拓历史的责任，而教师是完成这一责任的人梯和桥梁。因此，在校园、课堂、课间，乃至日常生活中，教师都应自学树立起良好的品德形象，以品德塑造品德，以人格塑造人格，用一名优秀教师的标准严格要求自己，时时处处以师德规范衡量自己，政治上和党的教育方针保持高度一致。只要教师们坚持不懈，持之以恒，一批又一批青少年就会以师为镜，在个人道德上高风亮节，在政治上立场坚定，处变不惊，勇往直前。多年来，国家、省、市、区等各级组织每年表彰大批优秀教师、优秀班主任、优秀德育工作者等先进典型，目的也正是树先进、立典型，引领广大教师爱岗敬业，专心从教，从而为教育事业发展奠定坚实基础。

（二）教师的行为角色

教师一直以“人类灵魂的工程师”“太阳底下最光辉的职业”著称于世。这些称谓不但是教师头上的光环，也是教师的责任。在学生的心目中，教师是真理的化身，是航海的灯塔，是群星中的北斗。教师的言行举止，学生都看在眼里，记在心里，学在行动上。教师的行为是无声的言语，是思想的表露，是品德的外显。“学高为师，身正为范”，一个实际行动胜过千百句空谈。

因此教师要以行为塑造行为，“言必信、行必果”。教师的行为在学生成长过程中的作用举足轻重。

（三）教师的意志角色

意志是在困难和挫折中表现出来的一贯的持久的坚持精神。我们在改造客观和主观世界的过程中，不可能一帆风顺，甚至会遇到惊涛骇浪。也正是如此，我们往往于困难中见精神。人生面对的就是困难和问题，以及不断涌现出的各种各样的矛盾，教师必须保持镇静，去粗取精，去伪存真，化解主要矛盾，使问题迎刃而解，对学生将会产生无形的力量。人生，从来都没有一帆风顺，从来都没有谁能够随随便便、轻轻松松地实现理想，实现价值。切不可一味地盲目表扬、赞许，该让孩子意识到的就应该让他们意识到，在合理的空间内，该让孩子承担的就应该让他们承担，适当的挫折教育，会让我们的孩子学会坚强，学会担当。我们要清楚地意识到：教师的意志行为，会潜移默化施以学生，使其在生活、学习以及今后的工作中，保持顽强的意志，克服艰难险阻，实现自己的人生目标。

（四）教师的学习角色

世界的万事万物，都在不断地发展变化中。现代社会，知识爆炸，新知识层出不穷。面对建设有中国特色的社会主义的伟大实践，面对世界知识经济的挑战，面对信息化、网络化的新知识，已有的知识经验就显得不足。在全球一体化蔓延的今天，世界多方文化不断进入中国文化市场，冲击着我们的传统文化。传统文化中的精华会经过洗礼重放异彩，一些旧观念会荡涤沉沙。我们的教师又处在文化阵地的前沿，要适应这些变化，就要学习、学习、再学习，既当先生，又当学生。过去那种封闭式的，脱离生活、脱离实际的陈旧的教学方法和思想方法，那种一劳永逸、守株待兔式的思维方式，早已无法跟上时代发展的步伐，必将被时代所淘汰。新的时期，教师的基本功应当早已不再局限于传统的写、画、做等方面，一个成功的教师，应该是一个懂得学习、热爱学习的教师，应该努力使自己成为一名复合型人才。教师只有德才兼备、学习不止、进取不止，才能赢得学生的信赖。因此，教师的继续学习，知识更新，也会直接影响学生综合素质的提高。

准确地定位高校英语教师的角色，不仅会清除当今许多高校英语教师模糊的角色概念，而且为大学生综合素质的培养提供了一定的环境和师资；不仅使大学生掌握高校所要求的英语知识和英语交流能力，同时使其在良好的学习环境中提高了文化素养，为服务社会和建设社会打下良好的基础。

三、高校英语教师的角色定位与发展

（一）加强学习

进入信息社会，新知识不断涌现，同时知识老化的速度也在加快，科技知识老化更快。在这样一个时代，高校英语教师要适应高校英语教学和科研，就要不断学习，提高自主学习与发展能力。一方面，教师要树立终身学习的理念，提高学习能力。当今社会新技术、新工艺层出不穷，教师单靠职前教育阶段所学的东西根本无法满足教学上的需要，只有通过终身学习来持续不断地更新知识，改善心智模式，才能实现自我超越。另一方面，进行反思性教学，提高自主发展能力。反思性教学是教师在教学实践中留意自己的教学实践和教育教学理论进行内省或批判性反思的过程。在这个过程中，教师不断优化和完善自身的教学理念、方法和策略，检讨与改进自己的教学行为，从而加深对教学活动规律的认识和理解。反思性教学能给教师的专业化自主发展提供强大的推动力。只有坚持不断自我反思并逐步养成教育反思的习惯，掌握一定的反思策略，才能实现自我的不断发展和提高。此外，提高科研能力，做学者型教师。在英语教学科研中，学习教育科学理论、知识，掌握方法，从根本上可以提高教师的综合素质，促进教师成才，有利于复合型英语教师的培养。

为了提高高校英语教学质量，同时也提高教师自身的素质，英语教师应该紧跟时代的步伐，树立新的教学理念，同时在具体的教学方法和教学手段上也要结合实际深入思考。

（二）改变课堂角色

学生自主性的发展与发挥主要寓于学校学习活动，与学习任务紧密联系，是可以教育和发展的。如今，学生的自主性学习已经成为讨论热点，即强调要培养学生的自主学习能力，而过去那种满堂灌和填鸭式教学已不适应现代教育的培养模式，对学生自主学习能力的培养没有多大作用。因而，教师必须改变其在课堂中的主导地位，不再是一个人在讲台上唱“独角戏”，要实现师生互动和生生互动。教师要指引学生走向正确的学习道路，灌输给学生正确的学习理念，逐步培养学生的自主学习能力。在课堂上，教师是起指导作用的，要以学生为中心，对学生的学习加以正确的指导，这样才能充分发挥课堂的效果。

（三）扩宽知识领域

历来，终身学习的理念深深根植于人类的历史中，中国谚语“活到老，学到老”就充分体现出中国悠久的终身学习传统。在当代，终身学习理念对于大学英语教师的发展仍然重要。现如今，教育的目的是培养应用型人才，英语更多的是作为一种应用工具，若英语教师只懂本专业领域的知识，对其他领域知之甚少，则难以承担应用型人才培养的任务。因此，大学英语教师应当树立终身学习理念，广泛涉猎各个领域的知识，毕竟英语不是一门独立的学科，它与其他学科相互交织。

（四）向复合型教师转变

国际教师的发展趋势给我国的高校英语教师发展带来了新的课题。自“二战”后，全球教育改革中，教师的发展由单一型向复合型方向转变。进入20世纪后期，各国都重视教师教育的发展，美国提出了新的复合型教师观，以提高教师的综合素质，进而提高教育质量，实现培养高素质人才的目标。复合型教师观已成为当今世界教师发展的方向，而我国高校英语教师的发展，滞后于国际英语教师专业发展的步伐，这已成为我国高校英语教师面临的新挑战。“复合型”高校英语教师应当具备良好的职业道德和先进的教育观念、英语语言专业知识和系统的教学知识与技能，具备跨学科知识和自主学习与发展能力，才能够适应素质教育和学生全面发展的需要。

（五）改革教学模式

教学模式改革的目的之一是促进学生个性化学习方法的形成和学生自主学习能力的发展。教学改革要实现从以教师为中心、单纯传授语言知识和技能的教学思想和实践，向以学生为中心，既传授语言知识与技能，更注重培养语言实际应用能力和自主学习能力的教学思想和实践的转变，也是向以培养学生终身学习能力为导向的终身教育的转变。

教师在传授语言知识的同时要注意培养学生的跨文化交际意识。文化意识也关系到学生综合运用语言的能力，要想达到成功的交际，必须了解语言背后的文化。高校英语课程和英语专业课不同，没有专门系统的介绍文化背景的课程，这就要求教师围绕教材适当地多添加一些相关的文化介绍，特别是异于本民族的文化，通过两种文化的对比和比较来加深学生的了解，同时也可以更好地促进语言的学习。

（六）顺应信息化时代发展

随着信息技术的不断发展，网络已经渗透到各个领域。作为教育的传播者，教师更应该学会利用网络，在网上吸取知识，扩大自己的知识面；熟悉学校的网络操作系统，用学校的教学资源来指导其教学；还要指导学生正确利用网络，进行自主学习。现在，多数高校都有其自己的网络资源数据库，如果教师能够充分利用这一资源，对其自身的教学，以及指导学生的学习，都将有巨大的帮助。

（七）强化师资队伍建设

高校英语改革是一个复杂而系统的工程。造就一支有较高思想道德和职业素质、科学文化素质、身心素质都相对稳定的高校英语教师队伍，是提高英语教学水平的关键。要进一步提高高校英语教师的待遇和地位，增强英语教师队伍的吸引力。要通过有效的培养培训，使现有高校英语教师的素质、能力和水平有一个大的提高。

综上所述，随着高校英语课程改革的不断深入，信息技术在教育中的广泛应用，新情况新问题要求让每一位高校英语教师适应新变化，由单一型教师向复合型现代教师发展，这既是教师自身在社会发展和国家课程改革的大背景下不断成长的需要，也是学生全面发展的保证和学校可持续发展的关键。因此，每一位高校英语教师都要把复合型教师作为职业发展的方向并为此而努力终生。总之，通过不断深化对教改要求的认识，不断更新教学理念，不断探索改进教法，提升自身素质，才能培养更多优秀的适合时代发展要求的大学生。

（八）其他能力是必备主观条件

英语教师不仅要具备英语语言专业知识和专业教学技巧，更要具备较高的英语理解和转化能力。此外，具备较强的科研、管理与组织能力是“复合型”高校英语教师的另一个显著特征。作为高校英语教师，要以科研作为教学支撑，较强的管理与组织能力对于高校英语教学与科研都是不可或缺的。

教师应重视学生在学习过程中的参与与合作，努力程度与动态的进步，重视改进与激励功能，鼓励学生合作与自我肯定而非竞争与攀比，使学生将注意力放在自我超越而不是名次。同时，通过形成性评估，教师能够了解学生学习中取得的进展和存在的困难，发现学生掌握的内容与教师讲授的内容之间的差距，及时调整课程设置与计划，以满足学生因人而异且难以预测的需求。

第二节 提升教师综合素养

一、提高英语教师的语言素养和文化素养

（一）提高教师的语言素养

目前有部分教师仍旧采用传统的教学方法。他们讲解课文不甚得法，沿袭三部曲的老路——朗读、释义、翻译。教师成为课堂教学的“主角”；授课没有难点和重点；整个教学活动鲜有启发性的问题供学生思考和讨论；既不讲授语言点，也不讲授文化点；至于文章的中心思想和段落大意更未涉及。课堂产生这种现象，主要有以下两方面的原因：

（1）上述对课文处理的“只见树木不见森林”的教学方法，是语言教学的一种积弊，即英语教学过分强调在句子水平上组织教学，忽视在语篇水平上组织教学，我们应该掌握语篇分析的方法。语篇分析是从语篇的整体出发，对文章进行理解、分析和评价。它不但重视语言形式，而且重视语言功能，同时还注重文章涉及的文化背景知识和相关知识，以培养学生的理解能力和分析能力。语篇由若干句子构成，语篇的理解以句子为基础，语篇的整体意义是由其句子意义有机地结合起来的。语篇与句子是互补的关系，而非相互排斥。强调语篇教学并不排斥必要的句法学习，离开了语言用法的教学也就谈不上语言使用能力的培养。内容是语言表达的目的，语言是思维表达的手段，重形式轻意义不能达到交际的目的，反之亦然。

（2）目前我们处在现代与传统英语教育观念的交替过程中。有些教师英语教学观念陈旧，他们仍然自觉或不自觉地认为自己在课堂上的主要角色是“语言讲解者”“语言示范者”和“知识传授者”，这不符合现代英语教育所提倡的教师角色的定位。现代英语教育所提倡的教师角色应该是学生学习英语的指导者。

因此，我们应该不断学习，了解英语教学发展的趋势。现今，英语教学研究发展的一个重要趋势是研究的对象从客体逐渐过渡到主体。客体指的是语言、教材、教法等；主体就是学生。近百年来，语言工作者着重研究语言本身（特别是对语言的描述）和教学方法。语法翻译法统治英语教学几个世纪，其理论根据是传统语法对语言的概括和描述。20 世纪四五十年代，美国产生结构主义语言学，听说法应运而生。60 年代的交际法与功能语言学有关。美国风行一时的全身反应法、沉默法、暗示法、自然法等教学法则与心理学和行为理论息息相关。对语言研究的背后可能有一种假设：只要把语言描写好

了，教和学就不成问题了。对教学的研究背后可能也有一种假设：只要方法对了，任何人都能学好一门英语。实践证明，其实不然。语言描述得再清楚，学习起来是另一回事。不论用什么教学法，总有一部分学生学得很好，也总有一部分学得不理想。

要培养学生的语言能力，英语教师自身必须具备扎实的专业知识和专业技能。英语教师必须具备英语语音、词汇、语义、语用方面的知识，同时必须具备较高的英语听说读写的技能。坦率地说，现在部分教师的语言能力还有待进一步提高。有的教师英语口语基础较差，用英语组织课堂教学的能力不够；有的教师给学生的短文加评语时，谓语动词单数第三人称的一般现在时不加“s”；有的教师板书不规范，字迹潦草，学生无法辨认。这些情况说明教师的基本功还不扎实，这自然会影响到对学生语言能力的培养。

此外，学风也是一个重要的问题。好的学风主要体现在“严谨”和“求是”上，两者均来自严肃的治学态度。实践证明，凡是学风好的地方，必然有好的教风，反之亦然。学习这东西来不得半点虚假，我们应该在“严谨”和“求是”上狠下功夫。特别是年轻教师一定要克服急功近利、不求甚解、自我感觉良好的陋习。要少一点浮躁，多一点沉稳，少一点急功近利，多一点踏踏实实，做一名合格的英语教师。

（二）提高教师的文化素养

1. 加强道德修养

孔子有言“其身正，不令而行；其身不正，虽令不从”。教师的一言一行都会对学生在成长阶段产生很大的影响，对学生的思想品德进行正确的教育是教师的职责，所以教师必须不断提高自身的道德修养，严于律己、为人师表、言传身教、以身作则，树立正确的人生观、价值观以及世界观。教师的思想品德和观念会通过具体的教育教学工作直接对学生产生影响，从而造就出掌握一定文化，具备一定道德品质和精神面貌的社会成员。虽然经济发展程度的不同决定了时代的不同、思想观念的不同，但是基本的道德规范在各个时代都是一致的，也就是我们常说的爱国守法、明礼诚信、团结友善、勤俭自强、敬业奉献。教师一定要按此规范自己的行为，教师在生活中所表现出的一切，也会和教育活动一样，对学生的思想观念以及行为习惯产生不小的影响。因此说教师的道德素养对学生的德育影响至关重要，要培养学生良好的道德，不但靠教师口头上的教育，还要靠规范教师的行为来对学生产生影响与教育。要以自身高尚的心灵去陶冶学生，以丰厚的知识哺育学生，为学生的成长指引方向。为此，必须清醒地认识到：教师不仅要有较高的科学素养，更要有较高的道德素养，使学生在接受教育的过程中，能够充分体验到真、善、美，感受到教师的人格魅力，真切地感受到教育带给他们在内心上的充实与和谐。

2. 提高业务水平

陶行知曾经这样说过："要想学生好学，必须先生好学。唯有学而不厌的先生才能教出学而不厌的学生。"随着社会的不断发展，科技的不断提高，我们会发现身边的学生一代比一代更加机敏，个性特征更为明显。主要原因在于这一时代的孩子拥有广阔的知识面，他们有非常多的信息资源可以利用，可以通过各种各样的方式接收到需要的信息，可以增长见识，扩充知识量。而早些年代的学生信息来源有限，接受知识无非就是靠教师的传授，教师所传授的也是课本上一成不变的内容。传统的英语教学方式主要是在课堂上讲解大量的单词短语、句型结构和语法知识，把英语当作一门单纯的语言知识来讲授学习，而不去考虑英语语言的文化意义或者实际应用。所以在这样的情况下，学生通过各种媒体、网络掌握的信息量越来越大，可是教师却止步不前的话，就没有办法成为学生的学习榜样，更不要说培养优秀的英语人才。

鉴于此点，提高英语教师文化素养势在必行，并且成为文化素质教育的重要任务之一。教师必须转变观念，跟上时代的脚步，保持一种积极向上、与时俱进的态度，认真好学，刻苦钻研，树立终身学习的理念，不仅对本国的语言和文化有很深刻的理解、掌握和认同感，还要注重对西方文化的理解和学习。教改后的英语教材更加侧重培养学生的实际应用能力，培养综合素质人才，所以教师要自觉提高中外文化修养，在保证教材课程按时完成的基础上，要为学生多多介绍相关的中西方文化、传统习俗，加强教学中的文化意识。了解中西方的各种文化差异有利于学生更好认知世界，掌握所学的语言，更好地提高学生的智商、情商，提高其综合素质。常言道"要想给学生一杯水，自己必定要先有一桶水"。教师只有坚持不懈地充实自我，才能得到学生的信任和尊重，从而更好地鼓励学生进步。教师要有计划、有组织地参加相关进修或攻读硕士、博士学位，利用寒暑假时间接受外语教学理论和教学实践培训，在客观基础条件上，主动学习、吸收、利用世界优秀文化成果和科技成果。教师要扩宽学习范围，拓展个人对传统文化、文学、哲学、艺术、历史等知识的深入理解。无论哪一门学科知识都是前人长期以来的工作成果，其中有着大量的创新理论，值得后人研究学习，可以有效地拓宽教师的视野、培养生活情趣、陶冶情操。教师要积累专业知识、教育理论，丰富自身人文知识，自觉地将提高文化素养作为日常教育教学的一部分。

教师需具备教学前反思、教学中反思以及教学后反思的能力。教学前反思的内容包括反思确定内容、阶段以及具体实施方法，对学生的需要和满足其需要的具体目标，以及达到这些目标所需要的教学策略以及教学模式。教学中反思指的是教师在教学过程中，对不可预料的情况进行的反思以及教师在和学生互动过程中，根据学生的学习效果反馈，合理地调整教学计划。教学后反思指的是围绕教学过程、教学内容、教学策略进行。教师通过教学反思找出课堂中产生的问题，总结教学经验，实现自身知识结构的完善，有利于提高今后教学实践，提高教科研能力。

提高教师的文化素养不是一蹴而就、一朝一夕就能完成的，它是一项长期的、系统的、艰巨的工程。英语教师文化素养的高低对英语素质教育有着至关重要的作用，因此，英语教师要与时俱进，不断培养自己获取不同文化信息的能力，并对其做出正确的分析、判断，以感知文化之魅力，达到提高文化素养之目的。

二、提高英语教师的日常行为素养

课程改革的核心理念是全面实施素质教育，强调促进每个学生全面、多样化的终身发展和优化发展。除了学习和掌握基本知识和基本技能外，它还强调了以下几个方面：激发学生的学习兴趣和自信心；培养学生积极的情感态度；为学生制定有效的学习策略；提高学生的自主学习能力和综合实践能力；培养学生的合作意识；培养学生的创新意识；为学生终身学习和发展奠定基础。

（一）积极的情感态度

教学改革的一个重要方面是培养学生积极的情感态度。要培养学生的积极情绪，教师必须首先要有积极的情绪。作为社会不可分割的一部分，教师对生活、社会、工作、学校等的一般理解和态度将在不知不觉中传递给学生，对学生的情感态度发展产生巨大影响。如果教师自己的心理世界是灰色的或扭曲的，即使强调学生的情感教育，也不可能获得良好的教育效果。教师积极情绪最重要的部分和对教学影响最大的部分是，是否热爱教学、是否热爱学生。教师对学生的无条件关怀和信心，将极大地促进学生情绪健康发展，同时促进学生学业成就的进步。从“欣赏教育”到“理解教育”等教育实践，其核心思想是一致的，即教师利用自己的积极情绪感染学生的积极情绪，用思想点燃思想，用爱来促进爱，用信心激发信心，用个性创造个性。

（二）良好的道德修养

在中国经济快速发展的过程中，越来越多的金钱崇拜、欺诈和不诚实行为已经蔓延开来。学生即将进入社会，虽然教师不一定会改变社会，但他们对学生的影响是无法估量的。如何让学生积极参与课堂教学，与同学愉快合作？这个问题比较复杂，除了美德，它还涉及许多心理学知识和技能。在过去的几十年里，中国引进了大量的心理学著作，心理学已成为大学英语教师的必修课。然而，引入的心理学著作数量庞大且不均衡，往往误导教师、家长和学生。教师进行的心理训练往往是形式上的，培训的形式通常是基础理论知识的解释，然后以死记硬背的考试结束。教师对教学实践中学生的心理没有很好的理解，没有及时发现问题的能力。在很多情况下，学生英语学习的态度与他 / 她的心理状态密切相关。在当今迅速变革的社会中，社会关系和家庭关系是多样和复杂的，学生过早地面对一些不应该承受的压力，这样的问题很容易诱发精神疾病，而使学生不能集中精力学习。在英语口语课上，学生经常表现出孤立、沉默、缺乏言语、兴趣低落、缺乏合作、缺乏自信、不礼貌等，这些因素对学生学习的进步有很大影响。如果教师具备适当的心理知识和适当的技能，他们可以及时发现问题，帮助学生解决心理障碍。

（三）善于总结教学策略和自我发展策略

高校教师的教学是个动态过程，优秀的教师总是善于反思、积累、改革、突破，在不断的探索和反思中逐渐形成自己的教学思想和教学风格。教师不妨经常静下心来想一想自己的教学目标是否明确；是否能根据学生的兴趣、需要和心理特征及时调整自己的教学策略；是否习惯于进行教学反思，并经常写教学日记，进行阶段性总结；能否经常自觉关注与自己工作有关的学术动向和前沿的教学思想，能否跟上本专业的最新发展；能否经常反思自己教学中存在的问题，并能客观分析、自我调控，找出改进教学策略的途径；是否善于利用期刊、报纸、图书、网络和其他信息手段得到自己需要的资料；是否经常与同行交流；有没有研究与探索的习惯等。此外，教师的自我发展策略中还有一点也很重要，那就是教师不要“述而不做”。实践的东西往往有待于提炼上升到理论后才更系统、更精确，也容易实现更大的价值。被实践证明有效的方法，自己在教学中成功的体会，应提炼出来与别人交流，这是一个双赢的策略。大家都这样做，就会形成良性循环，整个教师队伍素质的提高就会较快。

以“学生为中心”的教学方法越来越受到人们的重视，这一趋势纠正了以往传统教学中以教师为中心、忽视学生的主观能动性和语言创造力的倾向。

但是，我们不能因此而低估教师的作用。英语教师要想充分发挥一个“组织者”的作用，其个人素质是完成教学任务的保证。联合国教科文组织对英语教学质量提高提出了“五个因素和一个公式”。五个因素指国家对英语教学的环境、学生的来源和质量、教材的质量、教学环境与条件、教师的素质。一个公式是：教学质量 =[学生（1 分）+ 教材（2 分）+ 教法（3 分）+ 环境（4 分）]× 教师素质。从公式中可以看出，教师素质的分值越大，乘积越大，教学质量则越高。在影响教学质量的诸因素中，教师素质起着举足轻重的作用，因此，可以说提高英语教师的整体素质是提高英语教学质量的关键。要激发和培养学生学习英语的兴趣，教师应该首先具备英语学习策略知识，帮助学生学会学习，为他们的终身学习打下基础；应具备较为扎实的语言素质的本体知识；应具备实现有目的的行为中的课程情景知识及与之相关的实践性知识；应具备了解教育学和心理学的条件性知识；应具备跨文化意识以及教师的自我反思能力。

（四）提高自主学习和实践能力

教师不仅要以发展的眼光看待学生，还要以发展的眼光看待自己，不断充实和提高自己，实现自身的持续发展。下面将介绍四种在教学中必需的知识类型，以有助于英语教师们在授课时融入进去。

1. 学习策略知识

学习策略是指学生在发展第二语言或英语技能中，促进学习而使用的具体的行为步骤或技巧。研究表明，成功的语言学习者有一些共同的特点：他们是积极的语言实践者和运用者，对语言使用具有强烈的愿望；他们不但注意语言的形式，同时也重视语言的意义；能利用语言知识对自己的语言表达进行监控，发现错误会去改正；他们有自己的学习策略，不是见到不懂的语言就束手无策，而是能通过各种语言线索去猜测意义，解决矛盾，创造性地学习。这种策略训练符合现代教学理念，从“以教师为中心”转到“以学生为中心”，从重视教师的教转到重视学生的学。如果我们的英语教师将那些成功的语言学习者所采用的学习策略归纳总结出来，并以适当的方式将这些策略传授给其他学习者，会有助于他们改进学习方法，提高自主学习的能力，并获取良好的学习效果。

尽管学习是人类生存很自然的一部分，但自主学习和策略的使用是一种有意识的技能，必须通过训练才能提高。如果语言学习者期望达到一个相当水平的交际能力，需要采取积极主动的姿态，而不是靠被动的填鸭式的灌输。要想使学习者的策略得到训练，我们的英语教师首先应具备学习策略知识，而了解学习方法可以使教师更好地把握教学方法的有效实施。

2. 本体知识

本体知识是指教师所具有的特定的学科知识，如语文知识、数学知识等。对英语教师而言，本体知识就是语言技能和语言知识。听、说、读、写是学习和运用语言必备的四项语言基本技能，是学生进行交际的重要形式。是形成综合语言运用能力，即培养用英语这一重要载体获取信息和处理信息的素质的重要基础和手段。语言技能包括听、说、读、写四个方面的技能以及这四种技能的综合运用能力。语言知识是指语音、词汇、语法、语调等英语知识。教师的语言技能和语言知识在英语教学中相辅相成，相互促进。教师应帮助学生通过大量的专项和综合性语言实践活动，形成综合语言运用能力，为真实的语言交流打基础。根据英语教学的目标和内容，英语教师在听、说、读、写、译等方面应具有较高的水平，力求语音纯正、词汇丰富、语法正确、语言得体，还应具有较强的语篇理解能力和分析能力。扎实的语言基础更是有效英语教学所必需的，任何一种语言都是一种符号系统，都是由形式和意义两部分组成的。其中形式反映意义，意义通过形式得到体现，两者的结合构成语言系统。语言系统内部又由语义、语法和语言等分支系统组成。各分支系统既相互独立又相互依赖，其中语义系统是核心，它通过语法系统以语音系统中的语音形式体现出来。语言是一个按一定规则组成的复杂的系统网络，整个语言系统离不开语言规则，即语言中客观存在的规律性。因此，精通英语的系统结构，掌握英语的语言规则，是英语教师专业素质的标志之一。

3. 实践性知识

实践性知识是指教师在面临实现有目的的行动中所具有的课程情景知识及与之相关的知识，具体地说就是教师积累的教学经验，专业化教师必须具备的从事教育教学工作的基本技能和能力。在关于教师技能和能力的研究中存在着诸多的概念表述，如教师基本功、教学技能、教学技巧、教学能力、教学才能等。这些概念有的在意义上非常接近，有的则在层次上有所差异。

不同的人对教学技巧有不同的分类。一个有较高素质的教师应具备下列技巧：

（1）动力技巧。

（2）讲授及交流技巧。

（3）提问技巧。

（4）小组个人辅导技巧。

（5）培养学生思考能力的技巧。

（6）评估技巧。

（7）课堂管理技巧。

4. 条件性知识

条件性知识是指教师所具有的教育学和心理学知识。一个教师如果仅仅具有本体知识和实践性知识而缺乏条件性知识，那么他很难成为一个具有较高素质的教师。一个具有较高素质的教师应该了解和把握学生的心理变化过程，注重情感教学。解决情感问题有助于提高语言学习的效果，消极情感如焦虑、害怕、羞涩、紧张、愤怒、沮丧等都会影响学习潜力的正常发挥。如果学习者受消极情感影响太大，再好的教师、教材、教学方法也无济于事。与此相反，积极情感如自尊、自信、移情、动机、愉快、惊喜等能创造有利于学习的心理状态。另外，解决情感问题也是促进人的发展的一个重要方面。从这个意义上说，情感已经不是语言教学的问题，甚至不是教育本身的问题，而是人的发展的问题。英语课程的任务之一就是培养学生的爱国主义精神，形成健康的人生观。

三、提高英语教师的信息素养

（一）高校英语教师的信息素养是大学英语教学改革的关键

教师素质是提高教学质量的关键，也是大学英语课程建设与发展的关键。以信息化为基础的英语教学改革要求高校英语教师不仅要积极转变教学理念，提升外语教学能力，而且要求他们提升信息素养，充分利用当代信息技术，改变英语教学模式。是否能实现新的教学模式，高校英语教师的信息素养起着至关重要的作用。陈坚林曾指出，教师的信息素养是“大学英语教学改革成功与否的关键，也是学科长远发展的关键”。具备良好的信息素养的英语教师能够适应教学改革的要求，将信息技术与英语课堂有效整合，提升教学效果。

（二）转变教学理念

教师信息素养的提高首先取决于教师教学理念的改变。网络时代课堂教学模式的改革，关键在于教师。对于多媒体和网络环境下的大学英语而言，教学模式的改变不仅仅是教学方法或教学手段的改变，也是教学理念的转变。在英语教学的网络化发展过程中，部分教师还不太适应网络教学改革的新模式，认为课堂授课时间不足，课文内容讲解不完，对于学生网络自学情况如何进行有效的监控也没有系统的认知。在很多高校，大学英语多年来一直沿袭的是传统的教学方法，即教师讲学生听的教学模式，很多院校的大学英语教师年龄、职称结构不够合理，不少教师多年来习惯了一支粉笔一本书，特别是一些有课堂教学经验的老教师，对利用网络技术教育手段教学的积极性不高，甚至对新模式产生畏惧心理，担心冲击了自己已经驾轻就熟的教学模式。

信息时代的到来对社会各个领域都产生了强烈的冲击，高等教育领域也不例外。高校教师要改变教学理念，要顺应时代的潮流，不能用一成不变的教学方法来应对世界日新月异的变化，不能与社会脱节。在教学理念上要以学生为中心来组织课内和课外的教学活动，认识到教学是为学生服务的，培养学生自主学习能力和英语综合运用能力是至关重要的，关系到个人和社会的发展。目前，虽然有些学校的大学英语教学实行了改革，但是也出现了不少“穿新鞋走老路”的现象，教师的教育理念没有彻底地改变，势必会影响到教学效果和学生学习的积极性。因此，大学英语教师要根据网络教学的需要，与时俱进，树立起开放的教学观、学生主体观、教师主导观、终身教育观，把课堂教学和网络教学有机结合起来，提高教学效果和学生的英语素质。

（三）掌握信息化教学技能

网络环境下的大学英语教学，对教师提出了更高的要求。高校普遍比较重视大学英语教师信息技术知识和技能的培训。但是，绝大多数没有进行教改的高校还没有对这一点重视起来。从古至今，教师在课堂中沿袭的都是一张嘴、一支笔、一本书的教学模式，语言表达流畅准确是对教师基本的要求。但是，随着社会和科技的进步，大学英语网络化教学在逐步取代传统的英语教学模式，面对许多抽象的东西，面对信息时代对大学生综合素质的要求，语言的表达尽管很重要，但是课堂上教师单一的讲解也表现出了极大的局限性。

计算机网络时代的到来给大学英语教学注入了活力，为大学英语教师们提供了更为丰富的教学手段。方便快捷的网络，多种多样的信息，简单灵活的传输手段，这些都有助于教师把信息进行合理的加工处理之后传递给学生，把学生带入生动直观的情境。

但是遗憾的是，目前很多高校的大学英语教师还不具备灵活应用现代计算机网络技术的能力。有些教材在征订的时候就配有配套的电子课件，便于教师课堂上使用。于是，很多教师上课就是用现成的课件或是机械地照搬网页里的材料，甚至对课件不进行任何修改就拿来上课。教育应该遵循“因材施教，因地制宜”的原则，不能用一成不变的课件内容来应对不同水平、不同层次的学生群体。因此，教师要学会熟练操作计算机，同时，要能够熟练地使用 PPT 制作大学英语的教学课件，而且在实际教学中能够自如地操作演示。教师在课下要学会有效地利用网络资源为课堂授课做准备，备课要详尽充分，要利用网络资源将最新的材料和信息补充到课件中，也可以应用英语软件制作或修改课件。

（四）实现英语教学的团队合作

高等院校应该加强对教师运用现代教育技术能力的培训，鼓励他们与时俱进，锐意进取，不断创新，善于把前沿的科技成果引入教学内容中，并且引导他们熟练掌握计算机运用技术，掌握如何制作课件和修改课件，派专业技术人员指导他们。高校应鼓励英语教师制作录音、录像、课件、参加微课教学比赛等，并给予一定的奖励。

语言是用来交流的，如果学习英语不和别人交流，将会收效甚微。正所谓“独学而无友，则孤陋而寡闻”。同样英语教学也是如此，在英语教学实践中，极大的发挥团队精神使得英语教学效果起到事半功倍的良好效果。教师信息素养的提高也要依赖整个教师队伍在现代信息技术运用上的团结协作。尽管我们说大学英语教师要积极学习课件制作等计算机运用技术，但是，在多媒体环境下的大学英语教学，并不是要求大学英语教师掌握计算机运用的各个方面，既没必要也不现实。如果大学英语教师既要课堂授课，又要进行网络教学的答疑和辅导，然后还得制作课件、处理图片、制作动画等，对于教师来说太过于耗费时间和精力。但是，当前的网络环境又对教师利用计算机技术进行授课提出了更高的要求。在这种情况下，各有所长的教师们可以组成一个团队，相互之间沟通协作，共同制作或修改英语教学课件。团队成员各司其职，由教学经验丰富的教师确定教学方案，制定授课计划，由善于表达、认真钻研的教师担任授课任务，由精通计算机网络技术的教师负责课件的制作，由善于交际、能熟练操作网络平台的教师负责网络教学答疑和测试。现代社会众所周知的真理之一就是合作才能共赢，所以，在大学英语的教学过程中，教师之间的互助合作也是提高教学效果的一个重要保障。

第六章 语言文化视域下的英语技能教学

英语教学的主要目的是为了使学生掌握使用英语的能力，即英语的听、说、读、写、译能力，英语教学的效果考核也从这几方面进行。因此第六章针对英语教学的主要内容，从听力、阅读、语法、写作、翻译五个方面的教学入手，并结合语言文化的相关研究理论，对英语技能教学进行分析研究，并根据不同技能教学的特点，提出相应的教学建议。

第一节 英语听力教学

一、英语听力教学的现状

（一）教学任务的压力

各大高校每学期每学科都有教学任务的规定，教师必须在一学期有限的课时内，完成学校规定的内容。通常，英语课程的安排非常有限，普遍一周两到四小节课，但教学任务非常繁重，常常要求教师一学期讲授一整本教材。在这样的情况下，平均分到每个单元的课时只有四到六节课左右，教师需要兼顾听、说、读、写、译等方面的内容，而阅读与词汇语法的讲解会占用绝大多数时间。由于期末考试中听力所占的分值最小，听力教学在传统模式下最不容易出成绩，中国学生听力和口语属于弱项，所以教师往往会把听力教学的学时压缩到最少。

（二）教学方法落后

传统的英语教学模式重词汇、重语法、重阅读、轻听力、轻口语，导致国内大学生在做阅读理解和完形填空上比较强，而一遇到听力或口语就比较犯愁，出现哑巴英语的状态。在这种传统模式导向下，教师往往按照上课播放听力原文、学生答题、核对答案、找出原文中的出处的步骤进行教学。在该过程中，教师如同一个答案讲解机，完全没有发挥学生的主观能动性，无法体现学生在这一环节中的作用。

（三）听力教材难度跨度大

虽说目前大学英语听力课本的内容涉及面很广，也能紧跟社会的发展变化，尽量选择学生们感兴趣的热点话题，但是在内容的设置上要么太简单要么太难，单元主题没有一个好的过渡。同时，教材也尽量选择了英语国家本土的语言文化或者选择本土语言者来表演主题，但是由于语速太快，吐字发音等都让同学们有了畏难心理，这就让听力基础差的学生更加难以提高听力水平了，也难以达到教师授课的预期目标。

（四）学生缺乏学习动力

“动力”一词在心理学中含有有力、能量和活动等意义，包括所有决定有机体行为的内在或潜在因素。学习动力是以学习动机为核心，由学习兴趣、学习态度等共同构成的一个动力系统，对学习起着使动、定向、引导、维持、调节和强化的作用。大学生学习动力是指大学生在学习过程中维持学习热情、推动学习行为持续均衡发展的内在力量。大学生能否成才很大程度上取决于自身的学习积极性，而影响大学生学习积极性的因素很多，其中最根本的就是学习动力。由于高考压力的结束和大学时期教学方式的改变，学生学习的积极性和主动性也随之降低，学习动力较之高中时期有所下降。学习动力的下降，在很大程度上会影响学生学习的主动性和接收新知识的积极性。英语听力的学习也会受到相应的影响。

二、英语听力教学的主要方法

（一）文化导入法

大学英语听力课堂中文化的导入一定要确保导入材料的多样性、灵活性和适宜性。只有教师在课前导入的文化知识是灵活多样的，且是适合学生兴趣或适合学生听力水平的，才能激发学生的学习兴趣和积极性，才有利于帮助学生提高听力水平。首先，文化导入方式的多样性不仅能增加课堂的知识性，还能避免课堂的单一性和重复性，同时还能让学生更全面地了解英语文化知识，进而更好地掌握英语语言知识，提升英语听力能力。其次，文化的导入要注意灵活性原则。听力是通过听觉来感知语言的，学生难免会不习惯，有心理障碍，进而产生消极或排斥心理。所以要根据学生情况和课本内容的取舍来灵活调整文化背景知识的导入顺序，尽量避免按部就班地完成内容。最后，教师要掌握适宜性原则，在教学内容、教学进度、教学方式上导入的文化背景知识要适合学生的水平，让学生能在有限的时间内理解掌握并能听懂听力材料；导入的文化背景知识要跟教材内容一致，或是教材内容的补充，能让学生在特定的语言文化背景下来理解听力内容，掌握听力技巧，提高学生的英语语言的综合应用能力。因此，教师只有在很好地掌握了以上三原则的前提下采取有效地文化导入方式才能更有效地帮助学生提高英语听力能力，才能使大学英语听力课堂更具实际意义。

具体所采用的文化导入的方式有：（1）直接介绍法。此方法应该是使用最为普遍的一种，就是针对听力内容而介绍文化背景。（2）快速阅读法。教师提供相关内容的小篇幅文章，可以让学生在课前快速阅读，自行找到文章的主题。（3）影视欣赏法。可以选择与教材内容相关的短片作为课堂的导入，当然现在大学英语听力课本本身也配有相关的短片，但是要根据情况进行选择。有的难易度适中，演讲者语速适中，表情到位，这些都是适合选用的；而有的可能难度太大或语速太快或讲解太过生硬，这样就不适合选择使用。影视欣赏可以让学生处于一种模拟的语言环境中来练习，交流的对象是以英语为母语的外国人，他们的语音语调、面部表情、语速以及肢体语言等都能让学生在特定的环境中更好地了解背景并帮助他们顺利听懂课本内容，激发学生听力学习的兴趣。（4）专题介绍法。教师可以根据所学习的内容来制作 PPT，配以适当的图片来辅助，进行专题介绍。文字和图片的组合，简单直观，一目了然。这样也利于学生在短时间内快速掌握背景知识，了解所听内容的方向，减轻学生听力的心理障碍。（5）音乐熏陶法。在某些情况下，可以通过优美的音乐来导入主题，介绍文化背景知识，这有利于学生的感性共识，专注于某个点来拓展文化背景知识，让学生在情感的无意识牵引下了解并掌握相关知识。（6）文化的比较法。中西方文化的差异巨大，可以就某个点进行对比来加深学生对西方文化知识的了解，如中西方饮食习惯、法律、服饰对比等。

（二）复式听力教学法

所谓复式听力教学是指运用多层次的“一文多听”或“一话多听”的方法。“一话”指一段较长而完整的对话，并非指一句话。根据不同层次的不同要求，由小到大，由部分到整体，由表层到深层地培养学生语篇听力理解能力。具体而言，就是培养学生对听力材料的分析、归纳、综合及推断的能力，帮助其纠正过分注重单词、句义理解而束缚思维活动延伸的不良听音习惯，养成良好的语篇理解习惯，从而使学生达到快速灵活地理解所听材料的主旨及对深层内涵做出反应的效果。具体操作程序如下：

1. 听前准备阶段

大学英语听力课时有限，只有充分调动学生的生理和心理因素，使其处于一种积极向上的状态，积极参与课堂活动，思想高度集中而又愉快地感知录音材料，才能提高课堂效率，逐步克服听力障碍。由此可见，学生听前的心理因素和精神状态对听懂一篇短文或一段对话有着直接的影响。试想，如果学生听前心理紊乱，精神不佳，注意力不集中，或对所听材料毫无了解而缺少听的动机和目的，其结果不言自明。

听前心理准备的方式很多。在听力课上最快捷、最有效的方法是采用预示（Prediction）的方法，在正式听音前可采用预示的方法借题发挥，即预先向学生问些与听音有关的问题，激发其想象力，产生一种积极向上的心理状态。同时通过一定的练习形式和有针对性的问题，引导学生有目的地听。实践表明，这种方法完全符合语言交际的本质。

交际的本质是指由于交际者双方之间有一条信息沟（Information Gap），交际双方都有兴趣和要求填补这一沟壑，于是，双方采用特定的语言进行沟通，以填补这一沟壑。以下是交际双方在交际前的心理状态及语言条件：

说话人：有话可说；有交际目的；选择储存的语言。

听话人：想听说话人所言；对交际目的有兴趣；综合处理语言

这一程序说明了交际的本质，也说明了交际的过程。除了语言因素之外，交际双方的心理有一个共同特征，即说话人和听话人都有交际动机和兴趣。这一特征以信息沟为基础构成了交际的一大准则。因此，听力教学要体现语言客观规律，首先要符合这一原则。

预示的方法即借题发挥，向学生发问，激发其想象力，从而使其注意力集中，心理积极向上。这种方法不仅排除了学生的畏难情绪，更重要的是诱发了他们听的欲望。借题发挥的关键还在于教师要能借上题，能发挥出来，然后才能引出学生的智慧火花。这就要求教师把握总原则，先把自己的想象力发挥出来，然后不拘一格，用诱发性问题和其他灵活多样的方法来挖掘学生的潜能。

有目的地听，是指通过一定的方式让学生的思想提前有所准备，有明确目的地去听。通常的做法是采用听前提问的方式，或者让学生听前浏览标题、题型及有关的提示或要求等。大学英语听力教材的训练内容主要集中在对话、短文和少量新闻上，其题型主要为单项选择、复合式听写、简答题等，而针对语音知识和影响听力理解因素方面的训练内容很少，因此学生所擅长采用的策略一般跟课堂所训练的内容有关。目前的大学英语听力教材往往练习形式多样，有多项选择，也有上下文情景听写、引导整篇理解的填空、回答问题、图表填空、正误判断等。多项选择所提供的信息量过少，题型单一，不利于学生有目的地听及语篇理解习惯的养成，反而容易导致无目的"漫游式"地听。与其说多项选择是练习，不如说是测验或考试，所以在教学中可将它和其他各种练习顺序调整，先处理其他类型的练习，后处理多项选择。这是因为，其他各类型练习信息量大，目的性强，形式灵活多样，有利于学生语篇理解与有目的的听力训练。实践证明，在处理完其他各类型练习后，多项选择显得十分容易，难题也就迎刃而解了。有针对性地采用一定方法引导学生有目的地听对纠正学生不良的学习习惯大有好处，可消除其畏难情绪，增强其语篇理解能力。

2. 复合听力阶段

这一阶段是培养学生听力的实质性阶段。其主要方法是要求学生通过三次不同要求和目的去听，由小到大、由部分到整体、由表层到深层地培养学生语篇理解及获取特别信息的能力。

（1）"一听"即略听（Listening for General Information）。这一过程要求回答概括性问题（general questions），检查对主旨大意的把握情况，消除逐字逐句理解、不关注全局的现象。教师要教会学生如何抓住主题句（topic sentence），以及知道主题句常出现的位置。

"一听"的主要目的是通过回答有关中心大意的问题或做有关练习，检查学生对中心大意的理解，逐步使其自动克服不良习惯，逐步养成语篇理解的能力。同时，还应重视学生听力技能的培养，随时向他们传授有关知识，并引导他们将这些技巧运用到听力训练中去。例如，听短文时，引导学生抓住全文的首句和末句以及各段落的首句、末句或重点句。要告诉学生，这些句子对全文和整段有概括和提示作用，听懂这些句子对语篇理解的习惯形成非常有用。再如，要告诫学生，在听较长的对话时应自始至终把握交际双方的关系、话题、说话地点等关键性的问题，以便更好地通篇理解。

（2）"二听"即获取特别信息的阶段（Listening for Specific Information）。二听完，就细节问题提问，训练目的是让学生排除无关内容，准确听辨所需的具体信息。"二听"的主要目的是训练学生准确地听辨出"特别信息"的能力，回答出如"Who...？""What...？""Why...？""Where...？""How...？"等引导的含有具体意义的问题或完成有关练习。"二听"是在"一听"将听力材料的中心思想进行概括的基础上进行的，主要解决"一听"中没有完全听懂的问题，可以说，这一阶段是"一听"的继续和深化。"二听"的关键在于引导学生排除无用信息，有目的地听辨所需的特别信息。这是一项基本听力技能，一定要通过各种练习加强训练。

（3）“三听”即精听（Intensive Listening）。要求学生找到更加细节的具体内容。这是巩固“一听”和“二听”成果的深化阶段，其主要目的是要求学生达到比“一听”更为深化的语篇理解，比“二听”更全面、更具体的特别信息理解。首先，教师应该运用熟练操作语音设备的技能，使学生听清、听懂录音材料上的语言项目，如疑问、感叹、否定、比较、虚拟、因果、建议等。另外还要强调关键的常见语法结构和关键词等，消除剩余的语言障碍。其次，要求学生在此基础上达到语篇理解的升华。即不仅使其掌握整篇听力材料的主题思想和说话人的真实意图，而且要通过一定的有效练习培养其判断、推理、综合、归纳的能力。实践证明，复式听力教学符合人类认识客观规律的模式，它循序渐进地从简单到多层次地培养学生的听力技能，既突出了语篇理解，又在语境的基础上加强了特别信息的理解训练，最终达到语篇的深入理解并使之升华，是一种行之有效的听力教学方法。

第二节　英语阅读教学

一、英语阅读教学现状

（一）缺乏课堂监督

大学生的课程不会像中学生排得那么满，课时量相对有限，上课时间教师主要传授阅读方法，只能做少量的阅读和习题，所以主要的大量的阅读还是放在课外，课外阅读不仅能丰富学生各科知识，而且还能锻炼学生的自觉性。

但因为长期以来受传统上课模式的影响，学生过多地依赖教师，缺乏自觉性和主动性，教师课下会布置一些作业，如果教师不按时监督检查阅读任务的完成情况，大部分学生很难自觉主动有效地完成阅读任务，时间一长很难提高阅读能力。当然不能以偏概全，还是有部分自觉的学生会认真完成阅读作业，一开始特别有热情，但如果教师长期不纠正不评价，学生渐渐会失去兴趣，缺乏自信，没有成就感，学生的阅读能力也就很难提高。此外大学不像中学，教师上完课都离开了学校，学生有问题想问教师只能等到下次上课，少则几天多则一个星期，间隔时间一长，当时的兴趣就没有了，这样导致教师无法有效地监督检查，学生的阅读能力也就无法显著提高。

（二）学生阅读能力不足

1. 词汇量不足

对于英语阅读来说，词汇量是基础，要想提高英语阅读能力，足够的阅读量是前提。如果词汇量太少，即使教师传授再有效的阅读技巧也无济于事。中学的义务教育中，词汇较简单，学生们掌握了一定数量的词汇，但没有达到熟练的应用，学生们学习阅读的目的很明确，是为了做试卷上的题目，拿高分上一所好学校。而在大学阶段，需要掌握的词汇量猛增，很多词都是同义词、近义词，给学生的学习增加了难度，对学生的目标要求也就不一样了，英语教学的目的则是培养学生的综合能力。这种综合能力的提高，需要学生保持比中学时期更多的兴趣和动机，掌握充足的词汇量的前提下进行大量的阅读，以此提高学生的阅读能力。

2. 缺乏阅读技巧

学生自身的阅读能力不佳，上课时无法很好地配合教师。在英语阅读过程中，学生往往拿到材料就读，不找重点，通读之后，不会的单词通过查词典或手机翻译软件，查出意思之后再带回文章中理解，逐词逐句来回反复理解，有时甚至还发声朗读，不仅速度慢而且会影响到他人。这些不好的阅读习惯，效率不高，会影响阅读速度和效果，影响考试成绩，影响英语阅读综合能力的提高。

（三）对相应的文化背景知识了解不足

每个民族和国家都有差异，体现在传统习惯、民族风情、宗教信仰、人文历史等方面。中西方文化差异中，包括思维习惯差异、饮食差异、风俗习惯等的差异，基于这些因素语言也会有很大差异，表现在表达方式、表达内容、表达习惯等方面。因为英语文章是针对西方读者，很多背景观念都是基于讲英语的人。中国读者阅读文章，无疑会有些困难。对于从小出生在中国，成长在中国的我们来说，很难全面充分地了解中国五千年文化，更不用说只是了解接触没几年的英美文化了。所以在阅读英语文章时，我们容易用中国式教学的思维去理解文章，这样很难得高分，也达不到英语阅读的教学目的。所以，文化背景知识的缺乏也是影响大学英语教学综合能力提升的重要因素，丰富文化背景知识显得尤其重要。

二、英语阅读教学的主要方法

（一）图画导入法

图画导入法又叫直观导入法，用课文插图、教学挂图、教学图片、幻灯图片、自绘水彩画、粉笔简笔画等导入新课，直观形象，深受学生喜欢。哈德森（Hudson）曾对图画在阅读理解导入中的作用进行了实证性研究。他把ESL大学生按照水平分为高、中、低三级，每一级又分为三个组，第一组采用图片作为阅读导入手段，第二组采用关键词作为导入手段，第三组不采用任何手段。结果表明，采用图片作为阅读导入手段显示出了较好的效果，尤其是对中级和低级两组的学生有更大的帮助。这个实证性研究结果说明，图画导入法有助于学生对文章的内容的理解，尤其对大学英语低年级学生效果更加明显。

（二）借题发挥法

借题发挥法依照某一种态势，因势利导地推出公共关系策划来。运用借题发挥法能很快把握文章题旨，明确文章的立论方向，准确把握与理解文章局部内涵。运用借题发挥法要掌握两个要点：一是“借题”；二是“发挥”。在阅读教学实践中，借题发挥法的范畴非常广泛，只要有利于阅读理解，就可以借文章的暗示，调动一切方法刺激学生的阅读欲望，激发他们的热情。目前的阅读教学基本都设置了导入的问题，教师可以针对文章大意向学生提问，引导他们抓住全文的要领。除了就文章大意进行提问，教师还可以针对标题借题发挥，进行提问。借题发挥式的提问有两个优点：其一，有利于学生对全文大意的理解；其二，有利于激发学生的阅读兴趣，可以从学生阅读的个人兴趣出发，充分挖掘阅读中的兴趣因素，使学生学有所获，学有所感，感受成功的乐趣。

必要的文化背景知识介绍非常有利于激发学生对所学课文的兴趣。这不仅能帮助学生加深对课文主旨的理解，而且还能扩大其知识面。大学英语阅读教材通常融知识性和趣味性为一体，许多文章都载有丰富的文化背景信息。为了通过语言来领略文章所展示的西方社会，不仅在讲解课文之前介绍必要的文化背景知识，还要对个别单句，甚至单词介绍必要的文化背景知识，否则学生对单句的理解就不容易做到透彻全面，对单词的理解与记忆就会大打折扣，这一点需要引起充分的重视。

第三节　英语语法教学

一、英语语法教学现状

（一）传统英语语法教学模式存在弊端

语法教学包括词汇教学和语法教学两个相互依存和相互作用的层面。传统的语法教学模式过分强调对词汇的意义与搭配的机械识记，从而忽略了词汇与意义之间所蕴含的隐喻关系。这种词汇教学模式基本的表现形式是行为主义心理学所倡导的“刺激—反应”模式。其结果是造成词汇识记的任意性与机械性增强，词汇识记效率低下。在语法教学层面，传统的语法教学模式要么仅仅着眼于零碎语法点的讲授，由教师主宰整个教学过程，语法讲授充斥着大量孤立片面的语言形式和语法规则，对语法结构掌握始终停留在反复性地机械识记这一层面，使得语法教学的整体感与系统性不强，正确理解与运用语法的难度增加；要么在语法讲授的过程中过分强调语言的交际功能，淡化对语法原则的掌握，反而更加忽视语法对语言表层表达形式的规约与限制，从而生成大量不合语法的句子。有学者指出，没有语法教学的理论指导，学生在交际过程中，语言运用的准确性就会大大降低。

总而言之，由于人们对于语法的本质认识不清，缺乏先进的语言学理论来指导英语语法教学实践，造成了传统语法教学手段单一，往往以机械记忆和语法翻译为主，或是盲目追求语言的交际功能而忽略了语法规则对语言形式的制约，从而造成了费时、低效、学生学习积极性不高等一系列问题。

（二）交际法语法教学模式面临困境

交际法英语教学顺应了当前大学英语提高学生的英语应用能力，特别是听说能力的教学目标，学生英语口语表达的流利性有了明显的提高。但英语口语表达的准确性、英语阅读理解的深刻性以及英语写作和翻译的正确性都不尽如人意。如果对此置之不理，这种现象将一直伴随学生的英语学习，这样，学生的英语能力和技能的提高将会受到很大的束缚。正如研究者斯凯恩（Skehan）所说的以牺牲句法为代价使交际得以进行，这对语言的发展和提高有消极的影响。学习者可能会在某个结构层次上是有效的交际者，但要超过这个层次取得进步却困难重重。交际法英语教学固有其长处，但如何扬长避短是我们大学英语教育工作者值得探究的一个问题。

二、英语语法教学的主要方法

（一）认知语言学下的英语语法教学方法

大学英语语法教学长期受到耗时、低效、课堂教学效率不高、学生学习积极性差等问题的困扰。究其原因，主要在于大学教师对大学英语语法教学的本质理解不清，而且缺乏一套行之有效的语言学理论指导其教学实践。认知语言学作为新时代背景下“认知革命”的产物，以其坚实的哲学背景和强大的解释力对语言的本质和人类语言能力的本质给予了清晰透彻的剖析与阐释。作为一种新兴的、具有强大解释力的理论，认知语言学能够很好地解释自然语言现象和指导大学语法教学实践。因为认知语言学强调语法的象征性本质，更加注意构式意义的研究，将其应用于大学语法教学中，能够更好地明确语法教学中结构与意义的关系以及不同构式之间意义的差别。因此，认知语言学理论对于大学英语语法教学具有极为重要的指导和启发意义。运用认知语言学理论指导英语语法教学，应注意以下三个方面：

第一，凸显语法结构的语义特征，将构式的形式与意义相结合。认知语言学坚持体验哲学的认知观，将意义视为语言研究的核心，强调语法形式与意义的结合。因此，在大学英语语法教学中，教师在讲授语法知识时，应当将确定构式的语义作为第一要务，逐层剖析语法结构的语言层次，将词汇分析、语义分解等过程结合起来。比如在理解动词“clean”和名词“cleaner”的时候，教师应当注意动词“clean”凸显过程，名词“cleaner”凸显意义，对动词凸显过程的解析有利于对名词“cleaner”的理解。名词凸显的是由动词投射出的具体的“人”的概念。因此，大学语法教学应当坚持以意义理解为基础，将构式意义和语法形式相结合。

第二，坚持以讲解语法构式为主要内容，以具体的语言使用为基础。语言学习者的主要任务是对语言知识进行概念化，并在此基础上对语言的形式和意义进行整合与概括。认知语言学理论认为，构成语言的基本单位是语法构式，因此，语法教学应以语法构式为主要内容。在语法教学中，教师应当向学生讲授特定的句型和语法结构，从而帮助他们有效地习得语法构式。比如在向学生讲授诸如“John sent a gift to Mary”和“John sent Mary a gift”等句型结构时，应当注意，这两个结构在意义上并不完全相同，二者存在着结构转换关系。第一句是与格句式，强调的是物体“gift”向目标“Mary”移动的路径。第二句是双及物句式，强调“Mary”对物体“gift”的领有关系。此外，还需要将语法构式和语言的具体使用在语法教学中结合起来。总之，英语语法教学应当重视语法构式的讲授，强调语法的基本表达方式。

第三，转换大学英语语法教学观，构建认知语法教学模式。目前，大学英语教师大都认识到了语法教学在英语学习中的重要性。然而，大多数语法教师自身的语法体系较为陈旧，教学手段比较单一，加之缺乏与时俱进的语法教学观念，使得大学英语语法教学效率始终无法明显提高。这就要求新时代的语法教学应当转变教学观念，以认知语言学理论来指导语法教学实践。认知语言学理论强调语法的象征性，以具体的语言使用为基础，以语义研究为中心，重视语言形式与意义的高度统一。这就要求语法教学的教师能够认识到语法的动态性特征，重视语法构式之间潜在的语义关系，以认知语言学理论指导英语语法教学。

（二）英语语法教学的任务型教学法

任务型英语教学要求学生用英语语言来做事。任务型英语教学是以具体的任务为载体，学生以完成该任务为动力。在这一过程中学生始终处于积极主动的学习状态。任务型教学活动分为任务前、任务中和任务后 3 个阶段。任务前阶段教师要向学生介绍任务的目的、要求等，并提供必要的语言输入信息。任务中阶段学生制定完成任务的计划、步骤并汇报任务的完成情况和成果。在任务后阶段，教师对学生任务的完成情况进行总结评价，引导学生需要注意的语言形式，并加以练习巩固；也可以让学生自己总结在任务完成的过程中习得的英语语法知识。

任务型英语教学兼顾了语言的形式和语言的实际应用，使英语语法的形式和英语语法的意义功能一致起来，平衡了学生的英语语法知识和交际能力的提高。例如，在主题为“商务用餐”的英语口语教学中，融入现在完成时态的教学，并培养学生在今后的日常工作中实际运用英语的交际能力。任务前阶段，教师向学生介绍本次教学活动的目的是学会商务用餐前、用餐中和用餐后的常用表达，同时，教师向学生提供关于提前订桌、点菜、敬酒、让菜、评菜、结账以及描述味道等词汇。教师可以要求学生运用所学知识，以小组的形式组织一个用餐的情景对话，并进行展示评价。任务中阶段，各小组通过认真制定完成任务的计划、步骤并进行合理的分工，共同进行成果的展示。在展示的过程中，学生会反复用到现在完成时态的各种形式。

如：I’ve reserved a table for four by the name of Tom Smith in your restaurant in advance.

我提前在贵店以汤姆 · 史密斯的名字订了一个 4 人的桌子。

Wait a second. I haven't decided the dishes to order yet.

稍等，我还没有决定要点什么。

This is the most delicious dish that I have ever tasted.

这是我吃过的最美味的一道菜。

You've helped me a lot，so today I treat you.

你们对我帮助如此之大，所以今天我请客。

在任务后阶段，教师结合学生在现在完成时的表达过程中存在的问题，结合实例进行补充并练习，让学生在实际的运用中真正掌握现在完成时的用法。让语法的形式和内容有机结合起来，赋予语言形式真正的意义，让学生用正确的语言去做事。

（三）语法—翻译法

语法—翻译法是英语语法教学中的一种重要方法。对于将英语作为第二语言习得的中国学生来说，完全脱离母语进行学习是很难办到的。在这种情况下，语法—翻译法就能使学生在母语环境中和母语教师指导下学习英语语法，有助于实现母语与目的语之间的转化，达到信息交流的目的，特别对教授抽象的英语语法现象十分奏效。因此，在英语语法教学中，教师借助母语来解决复杂的语法项目，将会使学生对所学的语法形成鲜明、系统的认识。例如，在讲解动词时态时，教师可先向学生展示下列材料，然后要求学生对材料进行朗读，接着共同分析比较各句中动词时态的不同。这种方法有利于加深学生对时态的理解和掌握。

例如：

Dialogue 1

A：I've seen *Gangs of New York* twice.

B：Me too. I saw it last week and again on the weekend.

Dialogue 2

A：How about a movie？

B：No，I'm going to study tonight. We have an exam tomorrow，you know.

A：Do we？ In that case，I guess I'll study as well.

Dialogue 3

A：My brother，who lives in New York，is visiting me here in Hong Kong.

B：What a coincidence，my brother，who is visiting me in Hong Kong，lives in New York as well.

Dialogue 4

A：I need you to look after the kids. You'll be home early tonight，won't you？

B：Oh，you'll be home late tonight，will you？

结合上例可知，语法—翻译法的基本模式为：提炼句型—列出公式—用公式造句。例如，在讲解虚拟语气时，教师可以将虚拟式的语法功能和其交际效果结合起来进行讲解，并为学生提供下列句型，然后组织学生操练。

第四节 英语写作教学

一、英语写作教学现状

（一）教材编写系统性不足

首先，教材的编排对写作不够重视也不够系统。现在用的写作材料种类太少，而且有些过时。每翻开一本教材，就能找到大量的生词解释、词汇练习和阅读文章，而每学期的教学时数又极为有限，这样就使得教师在课堂教学安排上不知不觉地忽视了写作的训练。当然，在教材的编排中，每个单元的后面也有写作练习，但是，这种练习很不系统。每个单元后的写作练习相互之间没有紧密联系，不分体裁不讲文理，东写一篇，西写一篇，结果是短文写了不少，水平提高不多。

此外，教材中的练习大多是教材编写者根据我国学生的情况设计和编排的，这当中涉及应当挑选哪些句型和结构作为重点让学生来练习和掌握以及应当怎样设计操练的内容这两方面的问题。不难发现，if、when、because、although、in order to 等结构较受青睐，因为它们在英语文章中出现的频率较高，因此练习的价值也高。这些结构和汉语的表达又很贴近，学生记得牢，所以在写作中就首选这些结构，但是他们自己意识不到，而我们的教学练习也较少引导学生去注意。对同一意思的表示，英语中其实还有其他丰富的表达法。教给学生练习的结构，往往是从教学和练习的角度来设计的，较少考虑到在实际中的真正使用，人为的、非实用性的因素颇大。教材中多见的句首状语的组句便是证明。这些和汉语的组句方式一样的结构无意中使学生原有的汉语造句习惯得到了加强，导致经常会写出汉式英语。

（二）对写作教学重视程度不高

多年来，教师一直对写作教学不太重视，作文是零敲碎打，没有一套系统完整的写作教学计划，没有帮助学生解决写作中的实际问题，教学方法单调呆板，导致学生缺乏写作兴趣。此外，部分教师没有经过系统的写作训练，加上长期以来忙于知识点的讲授，自身写作素质薄弱，有待提高。为了应付四、六级考试，往往组织短期强化提高班，但写作训练的时间过于匆忙，形式过于单一。有的教师居然发明了一些所谓的"应试技巧"，用来应付写作。

（三）写作教学模式存在的弊端

首先，在我国英语写作教学领域，成果教学法（product approach）长期居于垄断地位。成果教学法认为写作与语言知识相关，重点在词汇、句法和衔接手段的正确使用。它一般包括以下四个步骤：熟悉范文；控制性训练；指导性写作；自由写作。在批改作文过程中教师把学生作文当成最后成果进行修改、评分，评判的依据主要是句子层面的修辞形式和语言正确度。整个写作过程都是在教师的完全支配下完成的，学生毫无自由创作的空间。

其次，我们通常过于强调正确用词和正确语法结构，不够重视组句成章的各种原则。结果学生写出来的文章即使用词和语法都没有大问题，但是，通读全篇，却令人感到不知所云。教师在讲授写作时容易忽视的另外一个问题就是急于求成而不是采用循序渐进的训练方法去因材施教。要求学生写作时，往往都是给出一个题目和几个中心句子，让所有的学生都按要求完成。然而实际情况是，学生的水平参差不齐，写作的能力也因人而异，无针对性的教学也就未能促进学生的写作水平。

再次，教师在批改学生的作文时，把在学生的习作中发现错误并改正错误视为自己的职责，不改正学生作文中的错误就觉得自己似乎没有完全尽到责任，却没有意识到多年的学习生涯已使学生们习惯于见到被红笔批改得"满堂红"的作文。要么对此视而不见；要么觉得自己一无是处，感到灰心丧气；只有少数人去仔细研究教师的批改，但也难保那些错误不再重现。

二、英语写作教学的语块教学法

（一）语块教学法的理论基础

从语言教育角度来看，国外学者认为语言意识是学习者对语言功能和形式的一种强化自觉和敏感性，旨在鼓励学生思考语言使用，注意语言载体、语言变迁和语言区别。国内学者则认为，语言意识是用来指心智活动的运行机制，是区别于语感的一种心理认知过程。因此可以理解为，语言意识是一种学习者将具体语言知识进行内化并生成产出的抽象而复杂的心理过程。语言意识主要分为两个方面：一是语言的结构意识，二是语言的使用意识。结构意识即人们理解和运用语法的意识，而使用意识则是如何在实际中使用所学语言的意识。因此，如何有效地激发学习者的语言结构意识和使用意识对整体提高其语言输出能力至关重要。

（二）语块教学法的内容

语言意识是语言的一种内隐能力，因此我国学生的语块构建过程应当更多来自学生内在的自我构建能力。在这个过程中，学习者把“隐性”的语言知识转化为“显性”的语言输出，减少母语的干扰，从而达到提高语言意识的目的，为提高语言学习者自主学习能力打下扎实基础。

加强语言意识培养的语块教学法主要关注三点：（1）学习者在各种文体中识别语块功能的能力。特别要加强学习者对于各种文体中对应语块使用的敏感性；（2）学习者学会用批判性意识来认知和理解本族语使用者对于语块的使用习惯；（3）学习者在复制语块或语块群的过程中，实现由语块内化到构建和生成的过程，从而长久有效地保持接近本族语的语言输出能力。这就是语言意识理论驱动下，语块教学法对大学英语写作指导赋予的全新内涵。大学英语写作教学中语块教学法的实施可以按照以下步骤实施：

第一步：有意识地认知语块。课前：对于一个话题，学生个人或小组寻找各种题材的原版语料，自行观察和寻找语块，根据 4 分法把语块分类。课中：教师有效地组织课堂教学，按照语言的功能要求学生按不同文体、不同语境和不同语用功能将语块分类，特别要将书面语与口语语块分开；在分类过程中，学生在教师的指导下理解哪些语块符合本族语用语习惯，语言流畅又符合语境。课后：学生在符合不同语境的情况下背诵和记忆整理好的语块。

第二步：有意识地研究语块。课前：组织学生收集具有相同语用功能的语块。课中：展开语块，研究语块的生成性，总结并共享一个语块的词组群；反之，再从众多词组中让学生总结出语块或语块群；在不同的文体和语境中反复进行这样的训练。课后：学生根据不同语境采用归纳的语块或语块群生成更多的词组和词组群，并熟读熟记。

第三步：有意识地运用语块。课前：要求学生分组收集同一题目不同题材的学生作文，按 4 分法寻找并归纳出语块。课中：学生通过自评和互评的方式，以目标语的书面语为参照，对于这些语块在语法正确性、措辞准确性，语言流畅性和是否符合上下文语境（内容完整性）等方面展开讨论；通过共同讨论，师生分析和总结语块在使用的过程中存在的结构和功能上的错误，并加以改正。课后：学生牢记语块的特点，结合教师给出的多种文体的作文，反复实践并展开自评和互评。学生对各种语块使用的敏感性得到强化，书面语语块的使用更接近本族语的表达习惯。

课程要求学生将所有课堂内外掌握的语块汇编成集，并坚持在自主性学习中继续按其结构和功能的不同进行总结与归纳，不断积累语块，扩大语块数量。新模式更注重强化学习者对语块使用的不同语体的认识，通过自评和互评以及课前和课后实践来强化学习者书面语语块的正确使用意识和对语块的内化生成能力，从而实现通过提高语块敏感性来提高语言整体敏感性，进而使学生具有接近本族语的英语语言输出能力。

第五节　英语翻译教学

一、英语翻译教学现状

（一）翻译教学中的跨文化意识不足

英语语言具有其独特的语言文化背景，为了更好地对该种语言进行掌握，提高学生的翻译水平，大学英语教师需要重视对学生跨文化意识的培养，使学生对英语文章的内容、精髓等掌握得更好。但是在实际教学工作中，部分教师未能对学生跨文化意识的培养产生足够重视，未能结合英语原文语境、语义等展开翻译教学工作，致使学生在翻译过程中容易出现很多错误和笑话，如何在原有英语语言知识的基础上进行文化背景知识的讲授，对英语国家生活习惯、习俗等进行渗透讲解等，成为大学英语翻译教学中教师需要重点考虑的问题。

（二）翻译教材编写存在不足

对英语教材进行编写时，对英语听、说、读、写方面的内容较为关注，但是对英语翻译原则、翻译标准等方面的知识点有所忽视，未能对更多的翻译方法进行讲解和介绍。目前一些大学英语综合课程中，对词句、段落的翻译有所关注，但是这些翻译练习往往局限在特定的词汇、语法等语言理论方面的练习中，仅对新词汇应用方面有所关注，未能对英语翻译的其他需求进行考虑；从学生的角度看，很多学生在未能彻底掌握原文思想、主旨的情况下进行翻译，过度拘泥于直译的方式，被英语原文方面过多的限制，无法根据英语特征展开创造性的翻译和发挥，对学生思维创新能力的培养和翻译能力的形成产生较多负面影响。

（三）翻译教学模式有待更新

很多大学在开展英语翻译教学时，依旧沿用传统以教师为中心的教学模式，对理论知识讲解方面较为看重，未能对小组合作学习、多媒体教学法、微课教学资源等进行合理应用，在授课过程中，教师为学生布置一些英语翻译任务，要求学生完成译文，并且以翻译任务和作业的完成情况当作学生英语翻译学习评价的唯一标准。传统英语翻译教学模式和方法存在较多的不足，师生之间未能进行更多的交流和互动，一方面教师不能对学生翻译知识、技巧等方面的掌握情况和跨文化意识的高低等进行了解，不能有针对性地调整英语翻译教学工作；另一方面师生之间不能就实际问题进行沟通和探讨，对学生翻译素质、能力等方面的培养产生不利影响。此外，翻译教学课时安排不足方面的问题同样对大学英语翻译教学效果产生一定影响，如何解决上述两方面问题成为高校及英语教师需要考虑的重点问题。

二、认知语言学下的英语翻译教学方法

（一）认知语言学的理论基础

传统的意义观主要包括指称论、使用论、行为主义论、真值条件论、概念论、成分论等。这些意义观是四种主要语言学范式的意义观的具体体现，即传统哲学、对比语言学、结构主义语言学和转换深层语法。这四种语言学范式虽有其不足之处，但都属于客观主义语言学范畴。拉考夫（Lakoff）曾严厉地批判了这一语言学范畴，他指出客观主义语言学对于意义的核心观点是语言是对现实世界的直接的镜像反映，意义来自语言本身，现实世界可以通过语言的意义得到准确地反映。由此得出描述同一场景的不同表达具有相同的意义，因为它们反映的是同一场景，比如“玛丽把杯子打破了”既可以翻译为“Mary broke the cup”，也可以译为“The cup is broken by Mary”，因为两种译文反映的是同一场景“玛丽把杯子打破了”。

然而，认知语言学则与客观主义语言学持明显不同的观点，它认为意义不是来自语言本身而是来自对体验的理解。语言仅仅只是起激活意义的作用，语言与意义之间是导引与被导引关系，而意义就是概念化。具体地说，意义存在于我们的大脑中，而不是语言中，语言的作用只是激活意义和其所属的概念框架。意义或概念化是存在于现实世界和概念结构之间的人类认知过程的结果，而认知过程是指人类识解现实世界的过程，因此，意义或概念化是人类用识解方式感知体验现实世界过程的识解结果，每一个意义不仅包括具

体的概念内容，而且还含有相应的识解方式。正如兰盖克（Langacker）所指出的，语言意义应该由概念内容和识解构成，一种有挑战性的意义观尤其不能忽视后者。由此可知，能够激活相应概念框架中的某一意义的表达必定反映隐含在意义中的某一识解方式。换句话说，某一具体语言构造的使用，事实上赋予了所构造的场景某一具体的意象。因此，根据认知语言学的意义观，可断定上文所给出的例子中的论断是不合理的，尽管“玛丽把杯子打破了”的两种英文翻译可以激活同一杯子摔破的概念内容，但是译文“The cup is broken by Mary”不能激活与源语表达一样的识解方式，因此改变了源语表达的意义。

另外，为了说明认知语言学的意义观，正如以上例示，句子尤其是被动句常常用来作说明例子。在此，必须指出这一做法大大局限了普通读者对认知语言学语义观的理解，甚至会使其误认为认知语言学语义观只适用于句法层面。事实上，词汇和句法都可用来例示这一意义观，因为两者之间没有明显的区分。兰盖克指出词和句子形成了一个符号元素的连续体。这就意味着词和句法都是语言构造，都可以构造该概念或场景，赋予概念或场景识解方式。名词属于词的范畴，由此可推导出指称每一个指称概念的名词实际上都体现了相应的识解方式。

（二）认知语言学下英语翻译教学的方法

在具体名词翻译教学过程中，教师首先需结合认知语言学意义观探索出具体的名词翻译原则，然后在此原则指导下以引导的方式与学生探讨具体名词的翻译。

如上所述，意义由概念内容和识解方式构成，在用某一名词激活某一意义的同时也是在选择某一意象构建某一场景，而翻译的性质又是在目的语中再现源语的意义。据此，可以认为翻译名词的原则，是名词翻译应该以认知意义为导向，即意义的概念内容和识解方式都应该在目的语中再现出来。然而，词本身所具有的特点使得这一名词翻译准则的具体实施困难重重。首先，与句子相比，词虽与句子构成一个连续体，两者没有明确的界限，但是词在结构上比句子稳定，而句子则较灵活，更具有兼容性以及词无法比及的优点，比如英语句子“His disappointed feelings became the object of her compassion”，可以充分利用句子的灵活性将其译为“他的沮丧情绪引起了她的同情”。显然，源句的意义在译文中得到很好的再现，因为源句的识解方式和概念内容在目的语中得到实现。然而，如果把名词“paper clips”直接译为“纸针”的话，其后果可想而知，虽然源词的识解方式在目的词中得到再现，但是我们却无法理解“纸针”为何物。其次，我们所涉及的名词都已经深泛扎根于汉英两种语言中，因为这些名词所指称的名词性概念主要来自人类所共有的基本领域，如衣食住行等，这就意味着这些概念在汉英两种语言中各自都有自己约定俗成的词汇表征。因此，如果按照上述翻译原则把汉语名词直接翻译到英语里，结果就会是：虽然源词所激活的概念内容和识解方式在英语里得到体现，但有可能英语里无法激活与汉语里一样的概念，甚至会导致误解，反之亦然。因为汉英两种语言在概念化同一实体时所采用的识解方式完全不同，自然无法激活同一概念，比如“床头柜”，如果把其译为“bed-head cabinet”，就很有可能在英语读者头脑里激活的是像衣柜那样的实体，而不是摆在床边的小桌子。因此，考虑到源语意义的成功传递和目的语读者的理解两个因素，词翻译原则应进一步修正为：在翻译名词时，译者首先应该尽量在目的语中再现源名词的概念内容和识解方式，如无法达到两者的同时再现，译者应该舍弃源名词的识解方式，而选择与目的语一致的识解方式。

第七章 英语教学中文化体验教学方式的应用

文化是影响英语教学成效的关键性因素，在应试教育的压力下，我国传统的英语教育将重点放在语法知识上，忽视了对英语中的文化因素的了解和学习。这使得学生在英语学习和交流中，不能正确理解英语背后的文化内涵，不利于学生英语交际能力的培养。此外，在传统的英语教学中，教师发挥着英语教学的主体作用，学生则过于被动，影响了师生关系的构建和课题互动的进行。因此，要解决英语教学中存在的这些问题，可以采用文化体验的教学方式。

第一节 文化体验教学的原则

一、真实性原则

真实性原则主要是指真实的文化内容和真实的语言情境。体验性教学需要创设一定的教学情境，因为体验与一定的情境相关联。创设的教学情境愈接近真实，大学生的体验就越多，且越深刻，因为知识的意义具有情境性，学生只有通过运用实践才能够加深理解的深度。在这种真实的情境中，学生与情境之间的互动以及学生之间的互动生成一定的意义，形成知识的建构，尤其是隐性文化知识的建构和生成。认知心理学认为，如果输入到大脑的信息具有一定的趣味性、实用性或者与日常生活经验结合紧密，那么当它到达大脑这一中心加工区时，便会产生兴奋的情感，输出活跃的思想行为。不论是词汇的学习还是语言的学习，文化体验教学下产生的被动心理体验是联想作用的凸显。词汇以及语言所触及的学生过去的真实经验会使他们对词汇以及语言进行心理加工，产生一定的结果，从而会出现真实的文化内容，并且对于学生来说，有一定的趣味性，与他们的生活经验紧密相连。随着文化体验教学的深入，当进行情境创设或者角色扮演时，真实的语言环境会帮助学生进行语言意义的建构，使他们产生兴奋的情感，输出活跃，从而进行意义体验，达到文化的学习。斯温纳（Swain）认为学习者之间在合作对话活动中聚焦于语言的谈话能帮助掌握语言。学生围绕文化主题创设情境时所设计的对话对于他们掌握语言有十分重要的作用，网络的推广和使用成为创造真实性语境的良好工具。

创设真实性语境的本质是创设学生体验场景，是大学英语文化体验教学的基础、起始和准备，在大学英语文化体验教学中，情境不能游离于学生的学习之外，它是大学英语文化体验教学的支撑性要素，决定着大学生的体验程度、过程以及良好的教学和学习效果。

二、以学生为中心原则

当今的网络盛行，受到大学生的普遍热爱，当各种各样的知识充斥着网络时，学生接触各种各样的信息成为可能。在大学英语文化体验教学中，学生的地位得到了前所未有的强调，学生自主学习成功一个必要的步骤。因为大学英语文化体验教学增加了大量的文化内容，但是课时并没有增加，而且学生没有相关的知识背景，教师只有通过授之以渔的方式，如布置任务要求学生课外查阅大量的资料以及观看一些电影，以便在课堂上学生有进行主动体验的可能，并且在一定的时间范围之内，这样才能确保教学目标的最终实现。

同时，大学英语文化体验教学是一种以学生为中心的教学。它包含两层含义：第一，体验是在课堂上进行的大学生与教师共同体验，但是以学生为主体的体验是首要的，他们自己在体验中进行感受和领悟，进行知识和意义的内在建构；第二，课堂上的学生来自不同的地方，他们的主体体验各不相同，其心理感受和价值取向不同，那么体验中的意义建构也不同，但是教师的脚手架作用使得学生的体验虽然各异，却沿着大致相同的方向和角度发展和进行。

三、合作原则

根据加德纳（Gardner）的研究，每个人都有 8 种智能机制：内省智能、社交智能、音乐智能、逻辑智能、语言智能、身体语言智能、视觉空间智能以及自然主义智能。每个人每个方面的智能可能有些许差别，教师可根据自己对于学生的观察，尽可能地挖掘学生的强势方面。学习的发生都是 8 种智能的协调、配合和优化，充分发挥这些学习机制有利于个性化学习，最重要的是能够使学习者承担起对自己学习负责的任务。建构主义理论强调学习者个人的参与是学习产生的首要条件，师生之间以及生生之间的合作学习有利于学生智能的充分优化，所以合作学习原则尤显必要。在大学英语文化体验教学中的任何阶段，体验须借助个体与外界的合作方能进行。

合作学习丰富了教学互动理论，创新了教学组织形式，凸显了教学的情境功能，对于提高课堂教学效果具有建设性的意义。建构主义理论认为学习者个人的参与程度是学习产生的首要条件。学习者之间的合作有利于学习者智能的充分优化，体现团队精神，提高学习效率。所以，在大学英语文化体验教学过程中，须将个体与外界合作相结合，进而提高体验效果。

四、渐进性原则

渐进性原则是大学英语文化体验教学顺畅进行的必要原则。大学英语教学处于外语环境，学生对于语言的得体性使用没有清晰的认识。因此，大学英语文化体验教学只能从教师提供先行组织者的材料开始，首先是被动的心理体验，然后才是角色扮演等主动实践体验，并且教师的脚手架作用慢慢减弱，从而让学生对于语言材料获得渐渐熟悉的体验。

在英语教学中，每一个教学活动都涉及教学内容与教学过程，当教学内容比较简单、学生易于接受时，教学活动的设计若不具有挑战性，学生的学习状态会处于停滞休息状态，此时教学活动的设计须具有一定的挑战性。教学活动的设计亦需要考虑到学生的挑战能力，若教学过程是低挑战过程或者合适的挑战过程，学习者能学到知识，若挑战难度超过学习者的能力，学习者会出现“逃离”的情况。

第二节　文化体验教学的内容

一、文化体验教学的基础内容

（一）英语基础知识教学

我国现行的大学英语课堂的教学内容首先是词汇的教学，但只是涉及其发音、搭配以及在单句中的使用，至于其本身所蕴含的其他方面的含义，几乎被忽略，无法达到美国学者理查兹（Richards）曾经提出的词汇学习的内容标准，其中一条是知道该词的语义价值（指示意义和隐含意义）；也不符合 20 世纪 70 年代中期英国语言学家利奇（Leech）提出的将词义的研究置于整个社会文化背景下，突出词义的交际功能的主张。

词汇教学是语篇教学的基础，我国大学英语的语篇教学几乎完全“沦陷”于翻译法的“泥潭”。课堂上课文内容的讲解局限于文章内容的翻译，而语言的语境性、社会性和文化性等因素被“束之高阁”，学生学到的是独立的句型和意义，无法将其迁移到合适的社交场合，无法达到语言交际能力的四元素：语法、社会语言学、话语和策略能力。在这四项中，后三项更多地取决于文化因素。

词汇和言语（任何英语语言材料或者课文）是我国大学英语教学的首要内容，也是促成成功的语言交际的两块基础阵地，语言的社会性和文化性要求词汇教学需要通过一定的教学策略改善其效果，课文教学亦是如此，它们的教学均须顾及其隐含意义的一面，即缄默的一面。所以，缄默知识本身的特点呼唤大学英语教学方式和模式的改进。

（二）英语文化教学

事实上，大学英语的教学内容总是体现一定社会或群体的主流文化，是以社会主流文化的代言人的形象出现的。它将社会主流文化转化为适合学生接受的内容方式，使学生在课堂的学习以及与教师的日常交往中，就有意无意的、或多或少的习得了这些文化内容。当然，大学英语中的文化教学一直是外语教学领域的难点问题，需要在教学过程中认真探索和总结。对于外语教学来说，文化内容可以划分为词语和话语两大类，这样的划分既易于教师操作和准备材料，也易于学生理解和接受。从语义学来说，词语的所指是现实生活中可以看得见的物质和事实，而它的能指则需要他人进一步的理解体验；看得见的是公开的文化，而需要体验的则是隐蔽的文化。同理，话语的文化特性也区分为公开的层面和隐蔽的层面，如在语篇分析研究领域，话语的隐蔽层面是其研究的侧重点。近年来，在大学英语教材的设计上，词汇表中单词解释就是每个单词的所指，即公开文化的层面；而词汇在课文中的使用则是词汇的能指，即隐蔽文化的层面。关于话语一词，目前在学术界还没有统一的理解，有的学者认为其特指口语，有别于书面语，也有的学者将其看作是语言运用的统称，既包括口语，也包括书面语。在英语教学中，为了便于教师的准备和学生的理解，可以将话语理解为口语和书面语的统称，指一切教材内容，包括教材文本和任何语言材料，比词语层面更高一级的语言层面。

词语文化与一个民族文化息息相关，民族文化中特有的事物与概念在词汇及语义上会有呈现，同样一个指称在不同文化中可能有不同的内涵意义，即词语在文化含义上的不等值性等。话语亦受文化的影响和制约，话题的选择就会体现文化的不同，如谈论天气或者薪水、年龄等在不同的文化中其社会意义不同，甚至用什么样的语言风格来谈论该话题也受到文化因素的影响，各种不同的文化有各自不同的规范和模式。每一篇英语课文是词汇的逻辑组合，必然体现一定的文化含义，虽然其体裁可能是故事、戏剧、科普知识等各不相同，但这些只是语言的公开文化层面，文章作者自己的价值观、思维方式等却蕴含其中，因为个体的文化孕育于共性的文化之中，当学生接触到或者感受到其间的文化信息，就会感受到其语言文化所涉及的方方面面，包括其思维方式，进一步理解和感受与汉语语言文化的区别。很多文学作品描述的是特定的人物形象，表达的是作者本人的观点，但是文学作品却能在很大程度上帮助学习者理解某一群体的价值观和信仰。大学英语文化体验教学是一种结合了词汇和语言的文化语境的教学活动，通过凸显文化特征而提高教学效果，文化既是教学的内容，又是手段，亦是目的。

（三）跨文化能力培养

1. 认知能力

在应用视角下，大学英语教师应致力于从英语知识的运用方面着手，培养学生的英语听力理解、口语表达、阅读理解、书面表达、翻译等能力。就大学英语教学而言，英语语言知识的综合应用能力是学生跨文化认知能力的组成部分之一，是大学英语终极教学目标。跨文化认知能力是学生成功进行跨文化交际必不可少的能力，即与文化背景不同的人们进行适宜的、有效的交际的能力。认知因素就是指学生的跨文化意识，也就是人们在理解本国文化、外国文化的基础上形成对世界认知的变化，同时合理调整自己的语言行为模式。通过在大学英语教学中应用文化体验的方法能培养学生的跨文化意识与认知能力。

2. 情感能力

情感因素指的是人们在跨文化交际中的态度、情绪、文化敏感程度，通过对客观事物是否符合自身需求而产生态度体验，反映出具备一定需求的客观事物与主体之间的关系，是一种反映客观世界的特殊形式，属于较高级的心理现象，能对人们认知心理过程产生较大的影响。通过大学英语文化体验教学策略，学生对事物的认知及解决问题的方式将受到影响，从而在英语交际中转变情感、态度与动机，促进培养学生的移情能力与调节自我心理的能力，最终成功实现对英语语言的跨文化交际。

3. 行为能力

行为因素指的是人们在适宜的、有效的跨文化交际行为中产生的各种各样的能力、技能，如获取信息并运用的能力，运用英语语言交谈的能力，在交谈中转换话轮、结束交谈的能力等。跨文化行为能力能促使学生灵活运用英语交际策略，积极与对方建立沟通关系，并对交谈的内容、方式、过程等进行合理控制，是学生综合应用英语知识能力的最终体现。教师要想使学生形成跨文化行为能力，就需以跨文化的认知能力与情感能力作为基础，通过文化体验教学的渗透来改变学生的文化心理，加强学生对文化的体验，使英语知识得到内化。

二、文化体验教学的管理内容

（一）教学资源的管理

教学资源研发既是教学活动的基础条件，也是教学管理的重要对象和内容。由于在体验式英语教学中，教学资源已远远超越了传统课本的概念，成为实现体验式英语教学的环境平台，作为教学资源的研发者必须把眼光从课本的编写，扩展到教学内容资源建设和教学服务的开发上来，要求站在英语教学生态环境的设计者、英语教学人文环境的管理者的位置上看待教学资源的开发。体验式英语教学资源的研发团队，应当由深谙英语教学改革的专家、具有丰富教学经验的教师、紧跟技术发展前沿的 IT 工作者组成。在掌握丰富的具有特定文化内涵的语料资源的同时，必须具有高超的资源整合和二次开发能力。前台简洁、明了、生动有趣的课文、练习及各种教学软件，背后总是蕴含着科学的教学理念、创新思路和丰富的教学实践和编辑技巧。当前教学资源开发工作之所以取得了突破性进展，就是因为适应了学生群体的学习方式的时代变迁，最大限度地采用不断涌现的现代化信息技术，利用计算机、网络所具有的开放性、交互性、共享性的特点，营造更加逼真的英语应用场景，开发便于学生提取，能够及时反馈语言学习评价和方便语言校正，有利于体验规律发生的自主学习功能的教材、教学资源库、课后学习系统、测试系统、教学工具、网上学习平台等。

（二）评价体系的建立

评价是教学活动的组织管理工作不可缺少的部分。在信息化的条件下，系统化的英语教学多元评价已经成为科学管理的优势，也是必不可少的管理手段。如在体验式英语教学的测试评估方面，一方面，学生可以通过体验式英/汉语互动学习系统软件进行即时评估、自我管理，培育持续激励的内生动力。学生每完成一个单元的练习、测试，便可升至新的层级，这使学生在收获了成就感和自信心的同时，总还要瞥一眼别人的成绩和进度，暗中较劲，而这正是教学组织者最希望看到的。另一方面，教师可以更科学地、一对一地测试每一个学生，使得关注个体的形成性评价更具操作性。每个学生的教育经历各不相同，英语的基础和水平不同。应当承认学生的个体差异，并且尊重差异、善待差异，建立起形成性考核体系和个性化管理服务。既要扭转期末一考定乾坤的格局，又要将测试评估纳入教学体验的统一管理设计之中，努力使测试评价不再是教学的终极目标，不再是“做作的、让人感到丢脸和焦虑的经历和体验”测试评估的科学管理作用还体现为发挥系统的管理优势，有效监控不同层面的教学活动进程，及时对学生的学习和教师教学、课程发展进行全面综合评估，科学地调整学习方法和学习进度，改进教学方式和完善课程体系。

第三节　文化体验教学的方法

一、文化体验教学师生关系的构建

（一）教师角色

在传统教学模式中，教师是课堂的绝对权威，是课堂的占有者和独裁者，课堂成为教师独自表演的舞台；知识是通过教师的讲解传授给学习者的，呈现出一言堂的课堂教学状态；教师所讲授的知识是不容置疑的，学习者可以直接将这些知识用于问题的解决，而不必经过验证的过程。但是在体验式教学的模式中，教师在课堂中的地位和学习者是平等的，教师将课堂还给学习者，转变为课堂教学活动的组织者和参与者；教师是体验活动的设计者和协调者，通过师生的合作，促进学习者学习知识；在学习过程中，教师帮助学习者建构知识系统，让学习者自己发现问题总结知识经验。

（二）学生角色

传统教学模式中学习者是被动地接受知识，学习是一种孤立的个人行为。体验式教学模式中，学生通过参与到教师设计的课堂体验活动中，与别人进行交流与合作，成为课堂真正的主人，把握自己的学习过程和学习方式。

（三）师生交互关系的构建

构建一个交往互动的师生关系，有助于体验式教学的开展。在这种师生关系中，师生双方相互交流、相互启发、相互补充，在这个过程中教师与学生分享彼此的思考、经验和知识；交流彼此的情感、体验与观念，丰富教学内容，求得新的发现，从而达成共识、共趣、共进，实现教学相长和共同发展。交往昭示着教学不是教师教和学生学的简单机械相加，彼此形成一个“学习共同体”。在这个共同体中，人人参与，意味着平等，意味着合作性意义建构，其不仅是一种认识活动的过程，更是一种人与人之间平等的精神交流。对学生而言，交往意味着主体性的凸显、个性的表现、创造性的解放。在这个“学习共同体”中，学生与学生之间进行平等的交流学习，通过人人参与、平等对话、真实沟通、彼此信赖来发展合作精神，激发道德勇气，共享经验知识，实现自我超越。对教师而言，交往意味着上课不仅是传授知识，而是一起分享理解，促进学习；上课不是单向的付出，而是生命活动、专业成长和自我实现的过程。交往还意味着教师角色定位的转换：教师由教学中的主角转向多尔所说的“平等中的首席”。这也就意味着“教师不再是解释者、他人价值的强加者、外在的专制者，而是对话者、转化者、内在情境的领导者。该情境的形成需要构建良好的学习共同体，展开带有批判性的对话，把思想抛入每种可能性的集合，成为没有人拥有真理，但每个人都有权利要求被理解的迷人的想象的王国”。

体验式教学注重学生的亲历性、主体性，若要使学生在教学当中充分发挥学生的主体性，让他们主动地亲历知识的学习、获得过程，才能真正得到认知的发展、情感的熏陶、情感的体验，而这一目标的达成，首先在于创设一个民主、平等、对话的教学氛围，在这个氛围当中，学生能够获得充分的尊重和信任，不再是知识的被动接受者，而是主动地参与到教学的过程中。教师充分尊重学生的差异性，对学生的个性给予接纳和肯定，对学生的不同思想、不同见解能够宽容与支持。教师不只是面向学生的说话者，更是体谅学生的倾听者。在体验式教学的过程中，教师自己也获得了发展。另外，师生交往互动的课堂教学氛围的构建，实现了这一目标，在这种氛围当中，学生的大脑不再是一个等待装满水的水桶，而是一个等待点燃的火把，可以说构建师生交往互动的教学氛围是实现体验式教学的一个重要条件。

要构建这样交往互动的师生关系，更好地推进体验式教学的实施，首先要树立教育民主的思想，即教师要承认学生作为“人”的价值。每个学生都有特定的权利和尊严，更有自己的思想感情和需要。教师还要尊重学生的人格，这种尊重既表现在对学生独特个性行为的接纳和对学生需要的满足，又表现在创设良好的环境和条件，让学生自由充分地发现自己，意识到自己的存在，体验到自己作为人的一种尊严和幸福感上；其次要具有法制意识，保护学生的合法权益，要认识到学生拥有神圣不可侵犯的权益。最后，要加强师德建设，纯化师生关系，教师要加强自身修养，提高抵御不良社会风气侵蚀的积极性和能力。同时要更新管理观念，树立以人为本的管理思想，从而为师生关系纯化创造有利的教育环境。

二、文化体验教学实施前的准备

（一）构建文化体验教学体系

1. 情境创设

体验感知是体验式学习的起点，并贯穿于整个体验始终，既包括具体事物的体验又包括抽象的感知。学习者通过体验获得跨文化符号的感知，感受的程度取决于教师所提供的感知材料以及感知情境。这就需要教师为学习者提供情境、渲染气氛，为学习者产生情感和联想提供环境基础。

2. 设置疑问

体验学习过程中，辩证对立冲突是对外部世界的顺应和同化经验到已有观念结构的冲突，这是同时发生的两个过程，也是认知发展的动力。学生观察时，通过多方视觉、听觉和触觉感知到东西方文化间的差异。在体验式教学中，教师正视东西方差异，顺势提出疑问，刺激学生意识和体验跨文化现象的冲突。通过设置疑问，鼓励学生往深层的价值进行探究。

3. 教师引导

教师在指导体验时，需要了解学生的体验行为是被情感支配的还是由思维支配的。这个阶段学习者根据教师的暗示，移情性地思考西方语言文化交际背后的非语言行为习惯和规则。而教师在这个阶段，换位学生的心理去联想思考跨文化交际时的非语言行为差异，引导学生进行对比分析。

4. 启发讨论

学习者的认知规律是由疑惑产生的认知冲突，又由冲突个体趋于融合，达成共识。学习者通过思维分析和抽象体验得出自己对于跨文化意识的价值判定，但这只是依赖于学习者生存经验的推测。教师在这个阶段启发学生分享和讨论自己的认知；学习者通过讨论和综合达成对跨文化价值层次的共识。

5. 归纳总结

基于上一个阶段学习者讨论形成的直接理解和间接理解，教师要组织学生从体验中提炼知识，进行信息编码。学习者将新的跨文化知识纳入原有的文化意识认知结构中，丰富、调节和改造原有知识观念，最终实现跨文化意识的思维方式、价值观念、情绪感受等的内化和质变。

6. 反思评价

学习者将跨文化意识再次通过体验应用于实践，将从前体验中形成的假设和知识经验进行精确检验。教师评价学生再体验的过程，帮助学生了解自己所形成的跨文化意识是否正确，从而加强学生的学习动机。

（二）素材准备

体验前的准备工作是取得良好教学效果的保证，因此教师要明确教学目的、教学任务和教学内容，并且要精心设计教学过程，对于教学过程的安排要做到清晰合理。对于有条件的学校要求教师还要结合各种现代化辅助教学工具，制作成多媒体课件。教师要准备相关素材，包括语言素材、场景素材、音像素材等，并在此基础上设计体验活动。此外，为了能更好地完成课堂的体验活动，可以在课前给学习者布置一些预习任务，这样既能保证体验活动有计划、有效率地完成，又能培养学习者良好的自学能力。学习者通过这种形式还能温故知新，为今后更好地学习打下坚实的基础。

（三）教材内容编排

大学英语教材内容是影响整个文化体验教学效果和质量的关键因素之一。大学英语教材内容结合国家或民族的文化，既增添了教材内容的趣味性，在一定程度上激发了学生的学习兴趣，又加深了学生对该国家或民族的文化理解，一定程度上降低了学生学习知识的难度。在英语课堂教学上可以适当播放一些该国家或民族相关的文化视频或提供相关的纸质资料等，供学生了解该国家或民族的文化，加深对其文化的理解，为学生探寻该国家或民族的文化内涵提供契机。比如教师在讲授国外婚礼的相关内容时，可以在课前总结归纳出相关英语为母语的国家不同区域的婚礼文化的视频，并在课堂上进行播放，组织学生进行分组对婚礼文化进行讨论和对比，并思考婚礼文化不同的原因，最终完成课堂教学目标，促进学生进行全面性学习，提升学生的跨国文化交流水平。

三、文化体验教学的课堂实施策略

（一）在教学中引入文化对比

在我国的语言环境下，中国文化对英语教学的影响很大，在这样的环境下，进行英语文化体验教学就要让学生充分认识到文化之间的差异。教师在进行大学英语课堂的教学时，应引入文化对比，利用学生已经掌握的文化信息，带领学生进行相关的讨论。探讨英语与汉语背后文化差异的深层次原因，例如信仰、价值观和态度等。如果不了解“fish”这个单词的文化背景，就很难理解“He eats no fish and plays the game”（他为人正直可靠）这句话。“fish”的隐含意思来源于宗教故事，英国历史上新旧教派之间的争斗一度十分激烈，旧教的教规规定，斋日里只能吃鱼，而新教徒推翻旧教以后，拒绝在斋日吃鱼，以示忠于新教。通过这样的例子可以帮助学生更好地了解英语的语言文化，提升学生学习英语的兴趣，进而提升英语能力。

（二）采取探索与传授相结合的教学方式

教学形式是多种多样的，在大学英语文化体验教学中主要涉及的教学形式有两种：传授式和探索式。简单说，传授式教学主要是以教师为主体，教师主要运用口述或板书形式对教学内容进行讲解，而探索式教学主要是以学生为主体，教师引导学生发现问题、解决问题，探索知识的内涵，形成独立思考的能力。在大学英语文化体验教学中，则需要二者进行有机结合，在体验的前期，学生被动心理体验阶段需要以教师为主体，进行传授式教学；之后的阶段需要以学生为主体，教师改为辅助引导，且逐渐减弱引导，进行探索式教学。这样能够在正确引导学生发展的基础上，有效地增强学生的主动性和学习兴趣，从而提高学习效率和教学质量，达到提升跨国交流水平的目的。

（三）采取渗透式的教学方式

传统的大学英语课堂教学模式是将单元教学作为主题的，强调学生的英语语音、语调要准确，英语词汇量要大，同时侧重训练学生搭配词汇、使用词汇的能力，以增强应试能力，通常都忽略文化因素。如此一来，教师成为教学的主体，学生不是在课堂上听讲、记笔记，就是在课堂外完成大量练习题，虽然通过该方式培养的学生一般都具备扎实的基础，并能熟练掌握运用单词的方法，也能进行英语写作，但他们不了解英语国家的文化，无法正确理解英语知识，更无法成功运用英语，致使交流不甚得体。因此，教师应注意转变教学模式，在课堂教学过程中渗透文化知识，有效培养学生的文化意识。

例如，当学习单词“Christmas”时，教师不仅可以有意识地为学生渗透一些西方人在过圣诞节时的习惯，还可列举出与圣诞节相关的词汇进行对比讲解，包括圣诞卡—Christmas card，圣诞老人—Santa Claus，圣诞夜—Christmas Eve，驯鹿—reindeer，雪橇铃—sleigh dells（系在雪橇上或系在拖雪橇的小驯鹿身上的小铃铛），烤火鸡—roast turkey 等，如此一来，学生不仅能了解英语文化知识，还能掌握更多与“Christmas”相关的词汇，大大提高课堂教学效率。又如，当与西方人交谈时，有一些问题对中国人而言无所谓，但西方人却很看重，如果不了解文化差异，就很容易在谈话中让双方陷入尴尬的境地。如果学生了解中西文化差异，就不会当着西方人的面提出“How old are you？”“Are you married？”等问题，因为西方人认为这些是自己的隐私，不能随便透露给外人。这些都需要教师在课堂教学过程中进行渗透。

（四）采取互动式教学

在课堂上，为更好地应用文化体验教学，教师可组织学生按照课本内容复述故事，或进行角色扮演，在互动教学中帮助学生建构个人文化体验，从而让学生在接触文化实体的过程中改变自身文化心理，更好地了解英语语言文化，并能有效联系语境，知道英语指的是什么，知道自己应该怎么做。

例如，对于句子“That guy’s got a Midas touch”作为大学生，首先需了解“Midas touch”在西方人眼里指的是什么。“Midas touch”起源于希腊国王的点金术，但仅知道这一点并不能帮助学生完全领会这句话是什么意思，也无法对说话人想要表达的意思进行推断。此时，社交语境，即文化体验就变成了非常重要的线索。正如人类学家所说，仅仅理解对方所说词语的意思并不能确保可以完全理解眼前发生的事。所以大学生务必要弄清楚对方为何会说出这样的话，说话时的语境如何、对象是谁。此时，教师可组织学生分角色扮演，通过互动对话来理解说话人真正想要表达的意思。这里是指说话人认为别人很擅长做生意，赚钱就像点物成金般容易，不需消耗太多精力。“Midas touch”就是一个典型的文化产品，需结合文化个体、文化群体等开展推理工作，要求学生在互动对话中描述出究竟发生了什么，听到或看到的又是什么，详细内容有哪些，应如何来描述和解释，等等，通过改变学生的文化心理来实现对文化的感知与体验。

（五）视觉体验策略

所谓视觉体验，就是以视觉为基础，主体通过多媒体、实地观察等感知客体，再将看到的客观事实传输到大脑中形成情绪感受和审美情趣的体验过程。视觉体验具有直观性、多元性和综合性的特征。学习主体看到的客体是学习者对客体的第一感受，也是感性认识；教师向学生呈现培养跨文化意识的观察材料，尊重学生对观察到的西方文化现象的感性体验，帮助学生重建感性认识，对视觉作品进行深层的剖析，为学生进入高级的视觉做铺垫。学生由于所处的生活环境和社会环境不同，对视觉信息的感受也有所差异，在认知方式上也会出现差异，这些差异就是视觉体验多元化的根本原因。

在视觉体验过程中，教师要注意对视觉信息的选择和筛选，所选的视觉材料要能充分体现跨文化现象的特征，并能与本国文化形成鲜明对比。这样才能增强体验者的视觉冲击，激发体验者的探索精神。课堂中，教师可通过多媒体向学习者播放西方历史的演进、美食介绍、脱口秀、旅游纪录片等视频，帮助学习者打开视野，激发他们的学习兴趣；教师鼓励学习者大胆表达对视频信息的理解，并对有偏差的理解进行理性纠正，对有启发性的回答进行总结，归纳形成新的知识点。

（六）合作交流策略

合作交流策略是指教师安排文化主题，学生根据已有的经验和知识以合作的方式进行文化交流的策略。学习者的思维能力会受到已有经验和认知方式等的制约，独立地提出问题、推断假设和解决问题需要花费大量的时间，而且思考得也不全面。因此，合作交流有助于学习者避免这方面的弊端。教师在课堂教学时，提出一个跨文化意识现象，启发学生思考出现这种现象的原因；学生分成小组讨论、提出假设，并从假设中生成普遍意义，再与教师进行讨论，直到最终教师总结讨论交流的结果。文化现象的合作交流要得以顺利进行就要求教师理性地控制交流，保证交流的时间和空间，这样才能保证合作的效果。

第四节 文化体验教学的过程

一、接受文化信息

文化信息的主要形式是文化产品，它的内容丰富、形式多样，是文化体验教学中最直接的第一手文化信息。来自异域国家的音乐、绘画、宗教、建筑、法律、服装、美食等，对于英语学习者来说，是最直观的也是最能激发学习兴趣的文化素材，因此也是教师最有发挥空间的教学板块之一。

在文化体验教学的过程中，教师应当帮助学生，识别和理解文化信息。在大学英语课堂上，教师必须突破传统的教学方法，将教学的重点转移到语言与文化并重。在文化体验的第一个阶段，教师应当向学生提供丰富多彩的文化现象和文化信息，并引导学习者深层次多角度地研究文化现象，积累文化知识。同时，教师可以遵循着由浅入深、由易到难的教学原则，引导学生对已经掌握的文化信息进行加工，对比文化差异，探索文化内涵。同时，也培养了学生对文化学习的浓厚兴趣和正确观念。

二、开展文化实践

文化实践主要可以从以下四个方面来展开，分别是运作、行为、场景化活动和生平经历。运作是指对文化产品和信息的操作；行为指的是仪式化的实际交际；场景化活动是扩展性的交际实践；生平经历指的是文化信息中人物的生平经历。高等学校的人才培养目标，是使学习者成为具有高知识素养和强文化素养的综合性人才。因此，对知识的掌握和学习，不能脱离实践这一重要环节。

在文化体验教学的实践阶段，应当采用实践性强的教学内容，鼓励学生参与其中，创造多样化的交际场景来使学生发挥自己所学的文化知识进行模拟文化交际的练习。教师在教学中，应当突破传统的说教式教学，多采用交际式、互动式教学方法，通过参与和完成模拟的交际任务来强化文化交际能力。除此之外，还不能忽略的就是英语课堂之外的更加广阔的实践天地。现如今随着国际间交往的日益频繁，学习者能够有更多的机会接触和体验到多种多样的跨文化交际活动。教师也应当鼓励和帮助学生充分利用这种锻炼机会，参加丰富的跨文化交际活动，如国际会议的志愿者、国际友人的陪同翻译等。

三、实现文化体验

（一）显性文化体验

所谓显性知识，顾名思义，是指能够以一种系统的方法表达的、正式而规范的知识，是客观的、有形的知识，通常以语言、文字等结构化的形式存储，并且表现为产品外观、文件、数据库、说明书、公式和计算机程序等形式。它具有如下一些特点：（1）显性知识是关于事实和原理的知识，反映了对客观事物的认识；（2）显性知识是通过逻辑工具（自认语言、机器语言）得到清楚表达、明确分类的知识；（3）显性知识具有层次，并且不断更新。显性知识的这些特点使得它们可以被“轻易”地获取，如通过教师的传授、解释，甚至是学生自身的阅读等，教授显性文化知识的教学方法策略是比较简单易行的。

大学英语文化体验教学过程中，词汇文化教学和语言文化教学均以五个文化主题，即文化产品、文化实践、文化个体、文化社群以及文化观念的互动为环节，以体验为切入点，层层推进而进行。显性文化知识的体验过程具有以下特点：

第一，词汇和语言的表层意义作为系统的、有形的存在，学生的阅读、教师传授等均是一种被动体验过程，而且简单易行。

第二，在学习词汇和语句时，以词汇、语言为中心的各个文化主题的互动过程是一个联想、建构意义的过程，学生体验的是一种显性文化知识的扩展过程，即与之相对应的经验和文化知识的互相反应，从而得出一些自己的认识和看法，其中有可以表达的显性文化知识和一些“感觉”到的隐性文化知识。

第三，在故事复述或者角色扮演中，借助现代技术所创设的真实故事情境为学生的视觉体验提供了强大的平台。学生看到的、联想到的就是显性文化知识的体验过程。

第四，经过被动体验、实践体验以及心理体验，在“文化自知”过程中，学生可以讲述出的即显性文化知识，其获得过程即显性文化体验过程。

美国心理学家斯腾伯格（R.J. Sternberg）认为，“没有一种知识没有缄默的成分，没有一种缄默知识没有显性成分”。也就是说，不存在没有缄默知识的显性知识，也不存在没有显性知识的缄默知识。在显性文化知识体验中，教师传授的和学生“表述的”是显性文化知识，而那一部分没有“表述的”以及教师未加传授而学生“感悟到的”，即隐性文化知识。

（二）隐性文化体验

缄默知识理论认为，缄默知识的获得与显性知识的获得模式是不相同的。而且，缄默知识是与个体无法分离的知识，很难与他人进行沟通和分享，只能以个人的经验、印象、习惯或者感悟的形式存在于个体，它难以用文字等表述。现代心理学认为，它的特殊性表现在它首先是程序性的，“只可意会，不可言传”，而且几乎无须他人的帮助，只能从自己的经验中获得，尤其是那些日后需要“缄默知识”的环境中的经验，所以，体验对于隐性文化知识来说，是最恰当的获取手段。

英国哲学家波兰尼（Polanyi）认为，对于人们能够讲述的事物，人们通过观察来认识。如，在显性文化知识体验过程中，阅读、传授、观看同学们的角色扮演以及故事复述等均可以理解为一种观察。但对于人们不能讲述的事物，人们通过内居来认识。波兰尼将内居分为三种：指示、象征和隐喻。指示的认知方式是关于所指与能指是否相符，象征是给予对象或者注意焦点以个人存在的意义，隐喻指注意焦点具有隐喻结构。在大学英语文化体验教学中，隐性文化知识的体验与主体（学生）自身的情感等不可分离，并且通过内居这种“通道”进行体验。

第一，以词汇以及语言为中心的五个文化主题的互动过程是一种意义建构的过程，其中主体（学生）的联想等过程是含有隐性文化知识的体验过程。词汇的不同含义，如反映意义、搭配意义、情感意义、社会意义和内涵意义具有非限定、可变化的特征，属于联想意义，而联想意义是人们在使用语言时联想到现实生活中的经验，表达人们在使用语言时感情上的反应，并且从广义上显示出特定语言集团的社会文化特征，这些与这个语言集团中的指示、象征以及隐喻方式有着千丝万缕的关系。

第二，在学生进行角色扮演时，扮演的主体学生在对话交流中，其实是在还原或者创设某种“缄默知识”产生的情境。在角色扮演过程中，学生可以观察学习人类行为、探究他们的情感、洞察其态度以及价值观等，从而培养他们解决问题的方法技巧，学会从不同的途径研究解决问题。而隐性文化知识就是指一个特定语言集团的价值观、情感，即文化观念，学生通过角色扮演来洞察他们的价值观等，即隐性文化知识的体验过程。

四、培养文化观念

文化观念主要涵盖四个方面：感知、信仰、价值观和态度。感知就是我们接收到或忽略的内容；信仰是我们对真实或虚假的自我认定；价值观是我们对于对和错的判定；态度是我们的精神和情感秉性。培养文化观念，应该建立在充分的文化信息积累和有效的文化实践的基础上。

受传统教学的影响，教师在课堂上对文化知识的忽略，也错误地影响了学生对文化学习的态度。而在大学阶段，教师的首要任务就是指导学生树立正确的文化观念，理解文化学习的真正目的和意义。具体地说，教师应当通过扮演共同研究者和指导者的角色，引导学生形成有效的文化观点，帮助学生在对文化现象进行观察和体验之后，形成自己正确的文化观念，从而能够正确地看待不同文化差异并且在跨文化交际中得体地表达自己的观点，进行有效的沟通。

第八章　现代英语教学的发展展望

当前，在网络信息技术飞速发展的趋势下，实现教育手段的网络化成为教育领域发展的一大趋势。对于英语教学来说，同样需要加强对网络技术的应用，不断丰富英语教学方式。同时，随着英语教学的不断发展，传统的英语教学弊端不断凸显，社会越来越重视对学生英语交际实践能力的培养，传统的英语教学模式越来越难以符合社会需求。学生的主体地位逐渐得到重视，这也要求教师在教学中应满足不同学生的英语学习需求，实现英语教学的个性化发展。

第一节　应用网络的现代英语教学发展

一、网络环境下现代英语教学取得的成果

（一）实现了英语教学环境的互动化

大学英语教学的主要目标在于培养学生听、说、读、写、译的英语综合能力的发展。当前，随着我国高等教育的迅速发展，高校的学生数量越来越多，学生的人数以及学校教师人数限制了大学英语小班教学的实施。因此，不同的高校为了推动英语教学的发展，对英语教学进行了形式多样的改革。有的高校实行了读、写、译大班授课，听、说课程小班授课的模式；有的高校将课堂教学与网络学习相结合，形成了“传统课堂教学＋网络课堂教学＋小班优化＋第二课程”的“四位一体”大学英语教学模式；有的高校实行了大学英语的分层次教学，即根据新生入学水平测试成绩或者高考英语成绩，将学生分为不同的层次等级，不同层次的英语课程安排专门的教师和教材；还有的高校将英语教学与实践活动相结合，形成“课堂＋课外＋校内＋校外”的英语教学模式。为了促进英语教学的发展，各个高校充分重视英语实践活动的开展，如英语角、英语调频台、英语演讲比赛、大学生英语竞赛等，改善了大学英语的学习环境，拓展了英语学习与实践的空间，促进大学生英语实

际应用能力的提高。

（二）实现了英语教学目标多元化

随着教育的现代化发展，素质教育得到了重视和提倡，对于大学英语教育来说，其在内容上的多样性使其在学生多元素质的培养方面具有独特的优势。作为一门语言课程，交际功能的实现是大学英语教学的主要目的，这一目的也体现出了“以学生为中心”的教学理念。大学英语教学目标的多元化包括语言综合能力、综合认知能力、多元文化素养三个方面的内容，当前教学的网络化发展，能够为大学英语教学提供多元化的学习素材，能够使学生的英语应用能力得到更好地培养，使学生在自主学习和交互式学习的过程中，实现英语交际能力的提高。

经过大学英语教学的改革发展，英语交际能力的培养得到了重视。传统大学英语教学只看不读、只听不说的局面得到了一定的改善，逐渐构建起了以应用为目的的多元化的、综合性的英语教学课程体系。这一体系的建设实现了英语的个性化教学和分层次教学，不同需求、不同层次的学生能够选择合适的课程内容，使学生学习英语的兴趣和动力得到保障。英语教学课程体系建设的科学性不断提高，实现了由单一语言文化教学目标向语言文化、学科知识与技能并重的多元教学目标转化。

（三）实现了英语学习平台的构建

在网络环境下的大学英语教学改革过程中，构建网络教学平台将成为保障大学英语教学效果的重要手段。网络教学平台的构建能够在课堂和课外以不同的方式呈现，实现大学英语教学模式的改变。例如教师可以利用多媒体技术制作包含文字、图像、音频、视频等内容的网络课程，并在课堂上进行演示讲解。在课后，可以通过网络平台对学生的学习进行批改和点评。网络教学平台还可以成为学生进行语言训练的重要手段。此外，通过网络教学平台还可以实现学生测试、教师答疑等活动，实现了课堂之外的师生关于英语学习的交流互动，有利于构建和谐的师生关系，丰富了交互式英语教学的内容，使交互式英语教学能够有效实施。

在大学英语教学改革发展的过程中，为了使英语教学与网络环境更好地融合，许多高校都建立了连接校园网的多媒体网络的英语实践教学场所，如语音室、多媒体教室等，有的高校还建立了同声传译训练室。在建设英语教学网络平台的过程中，为了解决教材资源不足的现状，高校或研发英语自主学习软件或建立英语精品课程网站，以实现英语教学互动空间的扩大。在校园网的优势下，高校通过网络获取和建设在线教材资源库，为英语网络教学平台的建设提供了坚实的基础，便利了师生在英语教学和学习中的资料获取，保障了师生互动交流的实现。

（四）实现了现代英语教学模式的创新

1. 网络自主学习模式

网络自主学习模式注重个性化教学和自主学习。学生是整个教学的中心，教师只是起到辅助教学的作用。网络自主学习模式主要分为网络自主接受模式和网络自主探究模式。

（1）网络自主接受模式：学生＋学习资源＋学习指导者。其中学习资源是指通过网络传输的，以计算机作为媒介呈现的视频、音频、图像、文本等语言资料，可以将其称为“网络课件”。这里的学习指导者并不仅指教师，而是教师＋智能导师（计算机）。由于自主接受模式主要针对的是学生语言知识和技能的训练，因此训练的内容主要以完形填空、单项选择、多项选择、判断、拖动配对等带有详细答案的形式为主，学生完成测试并提交答卷后，计算机通过已设定好的识别和反馈程序可进行自动批改，答卷中的错误会清晰显示并同时提供正确答案。学习软件还可以通过学生的答题情况，自动探测出学生的语言水平，并提供适合该学生的学习资料或学习途径等。计算机在这里充当了教师的角色，但是计算机的不足之处在于无法满足学生的情感需要。当学生在学习过程中遇到问题，尤其是一些个性化的问题时，学生需要向教师寻求帮助，教师可以通过论坛、邮件等网络交流工具来解决学生的问题。

（2）网络自主探究模式：学生＋任务＋参考资料＋教师。这一模式主要用于培养学生的语言应用能力，而不是词汇或语法等语言基础知识。教师会给学生布置语言任务，如观看某一英语原版影片后写影评，或阅读某一文学作品后写感想，或翻译某段指定文本等，教师会提前给学生提供一些必要的指引，如上传一些相应的辅助资料，或是提供一些可参考的图书列表等。在学生完成任务的过程中，教师还会及时地通过邮件、论坛等网络交流工具与学生进行交流，对学生提出的问题予以解答。可以说，学生在模拟完成一个真实的语言任务的过程中，通过得到教师的不断指导，加之自身不断地改正与探索，最终达到熟练掌握语言技巧的目的。

2. 网络综合教学模式

在实际网络教学中，单一的教学模式往往不能满足不同教学目标的需要，通常需要将多种教学模式根据具体情况综合使用，这就是综合教学模式。例如，在网上开设大学英语泛读课程，教师要求学生在课前根据某一单元内容制作多媒体课件，当学生展示完课件后，教师组织学生阅读课文，并完成网上课后的填空、选择、判断等练习，最后要求学生翻译其中的某段课文或是写一篇读后感想。这样一堂课程涉及自主接受模式、自主探究模式以及集体传递模式。我们在设计和确定教学模式时，应综合考虑教学目标、师资力量、技术开发水平等因素，科学地采用综合网络教学模式来达到最佳的教学效果。

3. 网络任务合作模式

网络任务合作模式：学习小组 + 任务 + 参考资料 + 教师。这一模式主要是通过学生组建学习小组，利用网络资源，完成教师指定的一般较为复杂的语言任务，来提高学生的综合语言能力以及团队合作意识。这里的任务通常是与学生的社会生活或是工作有关的，如策划一次集体活动或研究大学生就业形势等。在任务合作模式中，教师的作用比较重要，首先教师要按照学生的语言以及综合能力水平等对学生进行分组，并提供必要的资源索引，在学生完成任务过程中，教师要及时对其出现的问题予以指正，协调小组合作时可能出现的成员矛盾，整体上把控学生完成任务的进度，并在任务完成后组织评估工作。学生的任务主要是进行小组内部任务分工，合作制订任务完成计划，定期进行阶段性评估，最后总结发言并提交作品。在整个过程中，学生应尽量使用目标语言完成，如使用目标语进行沟通，选用目标语的参考资料，用目标语言总结发言，最后提交的作品用目标语书写等。这种教学模式是通过构建一个虚拟的任务情境，让学生在完成任务的过程中得到语言综合应用能力的提高，同时也培养了学生的团队合作能力。

4. 网络集体传递模式

网络集体传递模式：学生 + 学习资源 + 教师。这种模式与传统的教学模式比较类似，传统的教学是在教室里进行的，而这种教学模式是利用虚拟网络进行的。该模式一般有两种教学方式：一种是教师给学生布置任务，一般为观看教师指定的多媒体课件或让学生根据教学内容制作多媒体课件，然后在指定的时间内，教师通过网络实时教学系统为学生上课，通过网络课堂为学生提供教学指导；另一种是完全意义上的网络课堂，即教师与学生在指定的上课时间内集体登录网络课堂，教师通过使用教学课件讲解教学内容，还可进行网络课堂练习、分小组讨论等教学活动。

二、网络环境下现代英语教学存在的问题

（一）师生不适应网络教学模式

网络环境下的大学英语教学强调的是以教师为主导、学生为主体的教学

模式。教师和学生是实现大学英语教育目标的双重保证，任何一方出现问题，都不可能让大学英语教学顺利地进行。

在我国，不同地区的教育发展水平存在差异，有些地区较为贫困，计算机的使用尚未普及，计算机对于这些学生来说还很陌生，在平常学习中也很少使用。那么，网络教学在这一部分学生中很难进行，他们往往因为网络学习难度大，而对网络教学产生抵触心理。

传统大学英语教学在部分教师的意识形态中根深蒂固，他们很难在短时间内完全改变固有的教学模式，在课堂教学中仍然处于主体地位，以满堂灌为主。他们忽视了网络环境对大学英语教学的重要影响，甚至因为要耗时耗力去接受和学习这种新型的教学模式而产生抵触情绪。部分教师网络技术知识缺乏，不敢改革创新，担心网络环境下新型教学模式对现有的教学模式形成冲击，影响自己教学任务的完成，进而影响个人的教学效果和年终考核，甚至职称评定等。另外，部分高校在大学英语改革过程中，没有全面系统地对大学英语教师进行相关技术的培训和考核，造成部分大学英语教师在思想上和技能上远远跟不上网络环境下大学英语教学改革的发展步伐，不能胜任网络环境下大学英语教学的任务。

（二）学生缺乏自主学习能力

自主学习是指以学生作为学习的主体，通过学生独立的分析、思考、探索、解疑等方法实现学习目标。由于学生长期以来接受的都是以“教师为中心”的教学模式，他们习惯了跟着教师的思维走，对自主学习不适应。因此，在自主学习时，学生不会围绕网络教学内容安排自己的课外学习，不知道应该何时学、学什么、如何学等，结果导致学习效率低、效果差。导致学生自主学习能力不足的因素主要有以下三个方面：

（1）学习动机。我国大学英语教育存在应试倾向，学生学习英语的目的往往是为了考取大学四级、六级证书或是专业四级、专业八级证书。为了通过这些考试，学生不得不将大量的精力投入应试的强化训练中，并选择性地学习与考试相关的内容，对于综合性的、系统化的英语学习根本无暇顾及。在考试中取得好成绩成了学生学习英语的主要动机。这种动机虽然在短期内可以激励学生学习英语的积极性，但很容易使学生忽略长远的学习兴趣的培养。

（2）传统教学模式。我国传统教学模式注重教师在教学中的中心地位，教师是知识的传授者，学生是被动的接受者，学生学习英语的过程实际就是对教师所讲授知识的记忆过程。在这种教育模式下，学生往往缺乏学习的积极性，这种模式不利于学生自主学习能力的培养。因此，当大多数学生开始接触网络教学模式时，他们会感到很茫然，不知道怎样自主安排学习，通常需要一段较长的时间来适应。

（3）学生自控能力。教师的职责除了向学生传授知识，还要及时地对学生的学习过程进行监督。同样，学生也已经习惯了在教师的监督下学习，那么，学生一旦离开了教师的监督，往往就会表现出注意力不集中、自由散漫的状态，因此，学生的学习效率以及学习效果也会大打折扣。这些都是由于学生缺乏自控能力造成的。学生在进行网络学习时，很容易在学习过程中分心，尽管他们知道学习英语的重要性，但是面对网络的诱惑，很多学生还是难以自控，无法把注意力完全集中在英语学习上。比如有些同学在打开英语学习界面的同时，打开多个与英语学习无关的网页，当教师走近时，学生立马从网页调换到英语学习界面，教师一离开，又继续做与学习无关的事情。这些现象表明学生在进行网络自主学习时学习目标不够明确，学习计划不够详细，学习自控能力有待加强。

（三）校园网络建设质量较低

目前，我国高校的内部网络建设普遍存在质量低的现象，主要原因是过分追求网络技术方面的先进性。由于现在高校的网络建设成为教育评估的一项重要指标，使得很多高校一哄而上，投入大量的资金和人员建设校园网站，开发网络课件。同时，高校为了吸引学生点击网页，设置了大量华而不实的网络功能吸引学生的眼球，结果本末倒置，校园网络没有为学生的学习提供实质的帮助。还有一些学校为了追求网络教学中的高技术含量，发动教师编写了大量的低水平的重复性的教学软件，结果造成人员以及网络资源的极大浪费。国家鼓励高校建设校园网络，是为了给学生提供更多的学习资源，方便学生学习的开展，提高学生的知识水平以及学术能力，因此，高校的网络建设立以教育教学活动为中心，而不是以网络技术的应用为中心。

（四）英语网络教学手段落后

相比西方一些先进国家，我国英语网络教学的建设稍显落后，这主要是由于我国的英语教学研究和网络教学实践起步较晚，计算机网络技术水平的发展相对较慢造成的。目前，我国在网络教学软件开发、语料库建设以及教育教学设计方面的人才较为欠缺，尤其是在英语网络教学领域，既懂英语教学又懂网络软件设计的人员数量很少，这些导致了高校网络教学系统缺乏适合英语教学的软件，现有的英语教学软件质量低、不适用等现象。

三、网络环境下现代英语教学发展对策

（一）创新英语教学评价体系建设

近年来，为实现大学英语教学的网络化建设，高校投入了大量的资金，进行了相应的探索和尝试，并取得了积极的成果。但是，关于英语教学网络化改革的研究主要集中在网络技术在英语教学中的应用，对于英语网络教学评价的研究较为有限。因此，当前在英语网络化教学发展过程中，应加强对英语网络教学评价的相关研究。

教学评价是大学英语教学中的重要组成部分，因此，建立全面、科学、客观、准确的教学评价体系，对于大学英语教学课程目标的设置和实现具有重要的影响。对于教师来说，教学评价是能够获取英语教学的反馈信息，为教学方法的改善提供依据，从而促进教学质量的提高。对于学生来说，教学评价也是调整自身学习策略和方法，提高英语学习效率的重要手段。随着大学英语教学改革的深入发展，英语教学评价中对学习过程和知识运用能力的培养的关注越来越多。

然而，目前我国的大学英语教学评价仍然沿用传统的评价体系，即在学期末通过考试对学生的学习成果进行终结性评价。这种传统的评价方式将考试成绩作为学生的评价依据，评价方式较为单一，难以真实、全面地反映学生对英语知识的掌握程度和英语应用能力水平。

网络环境下的大学英语教学，要求大学英语教学向实现个性化和自主化的方向发展。但是，这并不意味着对传统英语教学模式的完全抛弃，因为传统的英语教学模式也有可取之处。因此在网络环境下，大学英语教学评价体系的建立，应实现终结性评价与形成性评价的结合。在网络环境下的大学英语教学，自主学习是提高学生英语综合运用能力的重要环节。由于终结性评价的自身缺陷，使其在大学英语的网络教学中，难以实现对学生学习过程的有效监控和评价。因此，终结性评价已经不能满足英语教学现代化发展的需求了。与终结性评价相比，形成性评价更加重视过程，符合英语教学发展的现代化趋势。因此，在英语的网络化教学中，形成性评价能够充分发挥其指导性、个性化和连续性等特点，实现英语教学评价手段的多样性和综合性。在课堂教学结束后，学生可以通过网络实现英语的自主学习，利用网络实现教师的学习指导和学生之间的合作帮助等，教学评价有师评、自评、互评等方式，具体可以通过填写调查问卷、做学习记录、完成网络平台测试等方式实现。形成性评价能够使学生更加直观地了解自己的学习和成长情况，及时

调整自己的学习策略，提高自主学习水平。在形成性评价方式下，学生由过去被动的接受者转变为评价的主体和参与者，并且积极参与到评价活动中，使学生学习英语的积极性得到激发。

虽然形成性评价有上述优势，但是完全依靠形成性评价对于提高学生英语学习水平来说也是不充分的，因此，必须从整体上对英语教学体系的各个部分进行系统性的考量，对网络技术、教学效果评价的实施等影响因素进行综合性考虑，实现终结性评价与形成性评价的有机结合，不断创新英语教学模式，实现课堂教学与课外自主学习的有机结合，以不同的方法和比例对英语教学进行评估。实现英语教学资源的整合，完善英语网络教学的评价体系，不断推广英语网络教学。此外，完善的教学评价体系的建设还需要学校相关部门的配合，如教务部分为教学评价提供规章制度支持，专业计算机技术人员为网络评估提供技术支持，教学督导组提供指导和监督支持。

（二）加强英语教学网络建设的投入

高校的英语网络学习的使用环境较为特殊，大学英语的网络教学一般在网络实验室或多媒体教室中进行，这些场所内电脑数量较多，且使用频率高，时间长，内容繁杂。许多高校由于缺乏足够的专业技术人员，导致对电脑设备的维护和保养不足，使学校的网络极易受到病毒的攻击和破坏，从而影响了师生对于校园网络的正常使用。此外，学生在使用时的操作不当，也会引起网速慢、电脑死机等问题，当问题不能立刻解决时，就会影响英语网络教学的进行。因此加强对网络设备的维护与更新，是大学英语网络教学顺利实施和发展的基本要求。高校的相关部门必须明确职责，采取相应措施，提高对学校网络设备的管理和维护水平，防止病毒入侵校园网。对此，应要求学校的计算机一律使用正版软件，严禁使用外来软件和光盘。大学英语教师也应不断提高网络信息知识水平，经常备份和更新服务器常用软件系统。网络管理人员还应在学期开始前，对学校内的电脑进行全面的检查和更新，以确保其能够正常使用。若专业管理人员数量有限，还可以安排学校的计算机教师参与到检查工作中。

随着网络技术的不断发展与成熟，高校的校园网络建设也取得了一定的发展，高校基本都配备了网络管理员，但是绝大部分高校的网络管理员都不是专职性的，而是由学校的计算机教师兼职的。对于高校的计算机教师来说，他们既有自己的教学任务，同时还要负责学校网络设备的维护与更新，难免有些力不从心。随着网络教育理念的推广与网络教育方式的实施，网络建设对于高校来说变得越来越重要。因此高校应建设专业的网络管理与维护人才队伍，保障大学英语网络教学的有效实施。具体来说，专业的网络管理员需要履行以下七方面的职能：（1）网络基础设施管理；（2）网络操作系统管理；（3）网络应用系统管理；（4）网络用户管理；（5）网络安全保密管理；（6）信息存储备份管理；（7）网络机房管理。作为专业的网络管理员，应具备以下四方面的能力：（1）熟悉各种网络软件的应用；（2）判断和维修简单的网络故障；（3）熟练网络操作系统的配置；（4）熟练地进行操作和管理大学英语网络平台，能够及时发现并处理问题。此外网络管理员还应具备较高的政治思想水平，严格遵守国家相关法律和行业规则，严禁出现利用工作便利散布网络谣言、损害国家和个人利益的行为。

（三）加强英语网络教学资源库建设

在建设英语网络学习平台的过程中，高校应不断对平台的内容进行升级与更新，以提高平台建设水平，为学生创造良好的英语网络学习环境，为教师创新英语教学模式提供平台。

英语网络教学资源库的建设与推广，不仅为高校师生提供了良好的教学环境和自主学习平台，也提高了学生英语学习的效率和质量，使学生的英语知识水平、综合应用技能水平、人文素质等方面得到提高。同时，英语网络教学资源库的建设和使用也提高了对校园网的利用程度，促进了校园网的建设水平的提高。

虽然大学英语网络资源库的建设取得了一定的发展，但是，在资料库的建设过程中，有的高校采取了整体购进商品化的英语教学资源库的方式。有的英语资源库提供厂商缺乏对英语教学的充分了解，没有对英语教学的实际需求进行分析，这些导致资料库内容更新周期长，新资源补充不及时。虽然资料库的购买在一定程度上使大学英语教学资源得到了丰富，但是从总体上来说，部分资源的水平较低，缺乏参考价值，最终成为垃圾资源，造成了资金的浪费。有的高校建设的资料库仅仅是对教案、课件、试题等素材的简单堆积，没有考虑英语教学的学科特点和实际教学需要。有的资料库缺乏有效的管理，资料库的功能研发不足，只具备简单的浏览、查询或增减功能，难以实现英语学习的互动交流。此外，由于缺乏统一的标准，难以形成不同资料库之间的互联，阻碍了英语教学资源的共享，使网络化英语教学效果难以得到有效发挥，同时也阻碍了教育信息化深层次发展。

由于不同的高校在英语教学的实际情况中存在区别，因此通用的大学英语教学资源库难以满足高校的实际需求，因此，只有建立符合自身特色、满足自身需求的英语教学资源库，才能够有效促进自身的英语教学发展，这也是高校英语教学网络化发展改革的重要任务。此外，在建设资源库的过程中，高校不能完全依靠购买这一途径，还应该鼓励师生参与到资料库建设中，使他们不仅成为资源的使用者，同时也是资源库的建设者。

在大学英语网络资源库的建设过程中，必须坚持为大学英语教学服务的要求，以满足教学需求为原则，建设实用、方便、共建、共享的大学英语网络资源库。

通常情况下，大学英语教学资源库的建设可以分为以下五个方面：

（1）课程介绍。包括对大学英语的课程介绍以及教学大纲、教学进度、教学目标、学习方法、评价手段等内容的介绍。设置课程介绍的目的在于帮助学生更好地理解课程，掌握学习方法，使学生的主体作用得到更好的发挥，督促学生实现对大学英语的自主学习与监督。

（2）电子课件。包括电子教案、PPT 等多媒体课件，有助于教师的备课和学生自主学习的开展。

（3）作业习题。学生能够利用作业习题检验自身的英语学习成果，教师通过网络平台可以掌握学生的习题完成情况，对学生的作业习题进行批改，帮助学生更好地了解和改善自身的英语学习。

（4）英语影音资料。影音资料的内容应与大学英语课程相关，可以是名人演说、影视作品、音乐欣赏、异域风俗文化等。影音资料能够激发学生学习英语的兴趣，同时也能够使学生对英语国家的文化风俗有更加直观的了解，对提高学生的跨文化交际能力具有积极的作用。

（5）网络链接。在教学资源库中可以提供有关英语教学网络精品课程网站的链接，以帮助学生获得更为丰富的网络英语学习资料，扩宽学生的视野。

具体来说，大学英语教学资源库又可以细分为听力、口语、阅读、写作、翻译、词汇、语法、文化、趣味资料、试题库等内容。

四、现代英语教学的翻转课堂模式展望

（一）翻转课堂教学模式概述

1. 翻转课堂模式的定义

2007 年，乔纳森·伯尔曼（Jonathan Bergmann）和亚伦·萨姆斯（Aaron Sams）在美国科罗拉多州落基山的“林地公园”高中任教，他们发现给缺课的孩子补课是一件特别耗时费力的事，于是他们使用录制视频的软件录制了简易的视频，传到网上，给缺课的学生补课。他们的学生在家看教学视频，到课堂上完成相应的练习，然后，他们对学生学习中碰到的难题进行及时的

讲解。2011 年，随着萨尔曼·可汗（Salman Khan）创立的可汗学院的成立，翻转课堂教学模式应运而生。

从现有的文献报道来看，由于研究视角的差异，翻转课堂尚未形成统一的界定。基于教学流程，可以对翻转课堂做出如下理解：在课前实现知识学习，在课堂阶段完成对知识的理解与消化。翻转课堂明确了其将学习阶段放置到课前的教学流程，而应该属于课后阶段的知识消化、吸收和巩固任务则翻转到课堂教学阶段。

基于使用的辅助教学技术，翻转课堂充分将信息技术手段融入教学实践中，实现在课前进行自主学习，而知识消化、吸收与巩固的内化任务则在小组讨论、课堂教学等环节完成。该定义吸取了基于教学流程的翻转课堂概念，并且明确现代信息技术在翻转课堂教学中的运用价值。但是，该定义过度强调信息技术辅助教学在翻转课堂中的运用价值。虽然计算机辅助教学手段已经广泛运用于教育事业，但是翻转课堂并不一定完全依赖计算机辅助教学才能实现。

结合对课堂教学的相关研究，翻转课堂是以激发学生学习兴趣为前提，充分运用丰富的教学手段，融合了课前自学、分组学习与讨论等手段，于课前实现知识的获得，而原属于课后环节的知识消化、吸收与内化则翻转到课堂的一种教学模式。翻转课堂的实质是将课堂教学和课外教学相结合，构建了以“学生”为中心的学习秩序。翻转课堂将传统的教学分为两个层次：课前学习阶段侧重于基础知识、概念和理论的理解与掌握；课堂学习阶段则侧重于基础知识的消化、吸收、巩固以及内化。这里需要指出的是：在翻转课堂可利用资源方面，不仅局限于计算机、互联网等信息资源，也包括教师自制的知识要点、课前预习题、基础知识测试卷乃至其他有助于学生预习（学习）的资料与素材等。

2. 翻转课堂模式的特点

翻转课堂教学模式颠倒了传统课堂教学模式中知识传授与知识内化的阶段，通过教育技术与活动学习从根本上影响学生的学习环境，使学生由“听”转变为“看和做”。在翻转课堂教学模式中，课下，学生通过教学视频以及相关学习材料，自主进行新知识的传授学习；课中，在教师和同伴的帮助下解决课下遗留下来的问题。

翻转课堂模式主要具有以下特点：

（1）画面简单。翻转课堂教学模式的教学视频就如可汗学院的教学视频一样，学生通过教学视频唯一能看到的就是可汗的手、阿拉伯数字、相关符号等。教学视频画面简单，没有庞杂的东西干扰，而传统的教学模式会夹杂其他的视觉干扰项目，比如教室的一些设施等。翻转课堂的教学视频不会过多地分散学生的注意力，从而为学生能够良好地学习营造简单专注的氛围，使学生可以一心一意的进行学习。

（2）流程颠倒。翻转课堂教学过程主要分为知识传递和吸收内化的两个阶段，知识的传递主要是在课下进行的，吸收内化是在课中进行，课中教师可以纠正学生课下的疑问。课下学生会遇到一些困难，教师课中会帮助学生解决这些难题。课中学生与学生之间可以进行交流探讨，互相帮助解决课下的疑问。

（3）针对性强。传统的课堂一般是几个知识点结合在一节课中完成，有主次之分，而翻转课堂的教学视频针对的知识点比较单一；传统课堂用时一般是45分钟左右，而翻转课堂一般用时是10到15分钟，在这样短的时间内，学生的注意力比较集中，不会因为课时长而被分散。除此特点之外，学生可以对翻转课堂的视频进行暂时停止、重新播放等操作，这样就给了学生充分的自由度来进行学习，学生可以根据自己的时间来进行知识的吸收消化，从而达到理想的学习效果。

（4）检测及时。翻转课堂一般的教学视频后面都会由教师设置几个小问题，达到对学生进行及时检测的目的，这样的问题可以检测到学生是否理解了所讲内容，判断自己的学习近况。若是问题回答的正确率低，学生可以通过QQ或者邮件的方式与同学、教师进行沟通，解决自己遇到的问题，并进行自我反思。若是学生重播视频，进行自我查缺补漏，那么学生的自主学习能力就会慢慢提高，教师设置的问题检测就会起到一定的催化、督促、驱动的作用，学生的学习效果也就更加理想。

（二）翻转课堂模式与传统课堂教学模式的比较

将翻转课堂模式与传统课堂教学模式进行比较，主要以教师的角色地位、学生的角色地位、课堂教学形式、课堂时间分配、课堂教学内容、教学手段的应用及教学评价等维度进行分析，如表8-1所示。

传统课堂与翻转课堂最主要的区别体现在学生与教师的地位和他们在学习中所体现的角色上。从学校产生以来，传统的教师讲、学生听的课堂教学一直主宰着当今的课堂教学，然而它扼杀了学生对知识主动探究的好奇心。学生在课堂上成为“静听者”，教师主宰着知识和课堂。然而在翻转课堂里，学生成为学习真正的主人，主动探究知识，与同学教师一起研究学习中的问题。教师成为学生思想的引导者、学习的促进者，而不再是知识的权威者与拥有者。

表 8-1 传统课堂与翻转课堂的对比分析

模式 项目	传统课堂	翻转课堂
教师角色	知识与课堂的主宰者	学生学习的指导者、促进者
学生角色	知识的被动接受者	主动的学习者和研究者
课堂教学形式	课堂讲解 + 课下作业	课前学习 + 课中探究
课堂时间分配	大部分时间用来教师讲解	大部分时间用来师生探究学习
课堂教学内容	知识讲解和传授	问题探究学习
教学手段的应用	呈现内容	自主性学习、合作探究学习工具
教学评价	纸质测试	多维度评估

从课堂教学形式方面来看，传统课堂采用课中教师讲解知识、课下学生做作业的教学形式。在这种教学形式里，学生就成了课堂上听教师讲课、课下完成作业的“容器”，课堂上师生的互动成为课堂教学的“零星点缀”。在翻转课堂里，学生在课前通过各种途径完成知识的学习，对知识有一定的理解，在课堂上针对本节课的主题与自己在课前学习留下的疑问与同学和教师进行探究学习。

在课堂时间分配方面，传统课堂与翻转课堂迥异。在传统课堂里，课堂时间大部分用来进行教师的知识讲解。然而在翻转课堂里，课堂的大部分时间用来师生、生生之间的探究性学习。根据美国林地高中所做的传统课堂与翻转课堂中在时间分配方面的具体对比如表 8-2 所示。

表 8-2 传统课堂与翻转课堂存课堂时间分配方面的对比

传统课堂		翻转课堂	
教学活动	时间（min）	教学活动	时间（min）
课前热身活动	5	课前热身活动	5
讲解前晚布置的作业	20	对于教学视频的问答	10
讲解新的内容	30 ~ 45	有指导或独立的实验探究活动	75
有指导或独立的实验探究活动	20 ~ 35		

在课堂教学内容方面，传统课堂教学的知识的传授成为教师在课堂上的主要任务。教师在课堂上只是为了教学而教学，知识的传授和讲解成为一切教学活动的中心，学生接受知识成为学习活动的中心。因此课堂成为教师主宰的场所，成为学生为考试而学习的战场。传统课堂仅仅从知识的本体论出发，即知识的生产过程和生产结果来讨论知识，把“知识”作为研究的对象。翻转课堂从人的发展的角度看待知识，把学生作为知识真正的认知主体，学生不是像仓库“存储”知识，而是主动探求知识的意义。

在传统课堂里，教师成为知识的权威者，教学内容的呈现成为课堂的主要任务，教学手段都是为了呈现教学内容而使用。在现今的课堂教学，虽然信息技术等已进入课堂，但是它仅仅是为了知识的呈现而在一定程度上被使用，并没有发挥应有的作用，没有实现学生角色的真正转变，课堂中的教学手段只是课堂教学的点缀。翻转课堂让学生成为学习的主人，自主性学习与合作性学习等教学手段在课堂上的广泛应用实现了学生真正意义上的主动学习。

教学评价是每种教学模式的关键因素，不同的教学模式其评价的方法与所持的价值观也不一样。在传统课堂里，由于知识的传授成为教师的主要任务，知识的掌握成为学生学习的主要学习活动，那么教学评价只是为实现这一目标而服务。相应的教学评价采用传统的纸质测验，以纸质测验的结果即分数考核学生的整体发展。虽然在现今的课堂教学里为了实现所谓的素质教育，教育界力图在传统教学模式下改变评价方式，但是在不改变教学思想的前提下所做的评价方式的改变也只是“小修小补”，并不能带来实质性的改变。新课程改革目标强调学生知识与技能、过程与方法、情感态度与价值观的全面发展，而传统的纸质测验只能评估学生知识掌握的多少，其他方面都被忽略了。翻转课堂教学模式与传统课堂教学模式最大的不同体现在其教学评价方式的不同。翻转课堂并不否认传统的纸质测验，但它只是为教师了解学生知识掌握方面服务。翻转课堂多维度、多角度地对学生的各方面予以综合性的评价，这样才能真正实现学生的全面发展。

（三）翻转课堂教学模式的实施

1. 课前活动阶段

（1）创建教学视频。在课前活动环节，教师首先需要创建学生自主学习的教学视频。教师可以通过两种方式进行教学视频的创建：选取开放的优秀网络教育资源或针对教学内容自行创建教学视频。针对教学内容由任课教师自行创建教学视频是更常用的方式。教师在制作教学视频的过程中首先需注意视频内容的相关性，充分结合教学内容与教学目标；其次，创建教学视频时应充分考虑学生的实际情况；同时，教学视频的长度不宜过长，一般控制在十分钟左右，有助于学生注意力的维持；此外，为提高学生参与的积极性与互动性，教师可将自己的教学动态头像嵌入到教学视频中，增强互动性，并适当添加视觉效果，突出知识要点，提高趣味性。

（2）设计课前练习。针对教学视频中所涉及的知识点内容，教师需根据学生已有的知识积累与认知结构，设计相应的课前练习题。作为了解学生课前自主学习情况的方式，练习题的设计应合理地控制数量与难度，以达到强化知识点、增加学生观看视频学习的动力与挑战性的目的。

（3）学生自主学习。学生在课前通过观看教学视频进行自主学习，可根据自己的情况自主掌握观看教学视频的节奏与时间。在传统的教学模式下，知识点传授由教师在课堂上完成，学生可能会错过某个知识点讲解或无法通过教师的一次讲解完全理解知识点，而在翻转课堂模式下，学生可以通过重复观看教学视频解决这个问题。同时，对于重难点部分，学生可以选择暂停，给自己充分的思考时间，或者即刻记录下自己的疑惑，以便在课堂上与同伴进行交流。在观看教学视频的同时，学生完成针对教学视频内容所设置的练习，加强对学习内容巩固。

（4）社交媒体交流。在自主学习的环节中，学生并不是完全孤立的，师生与生生之间的交流也可以通过社交媒体进行。学生在家可以通过社交工具或观看教学视频的学习平台自身搭载的交流工具与教师或同学进行互动交流，探讨在自主学习过程中或完成课前练习时所遇到的问题。教师也可以通过这种方式跟踪学生的学习情况，收集学生在自主学习中所遇到的问题，并将大部分学生都遇到的典型性问题作为课堂协作探讨的问题。在自主学习中利用社交媒体进行交流，可以发挥社会临场感的作用，增强学生的归属感以及凝聚力，虽然这个环节由学生独立完成，但学生并不会感到孤单。

2. 课堂教学阶段

翻转课堂的课中环节为学生创造了一个协作学习、共同探讨解决问题的环境，是学生在一定的情境下通过人际协作活动完成对问题的解决的过程。教师依据教学内容与学生的具体情况设计课堂活动的各个环节，充分发挥学生的主动性，让学生在对所学知识的应用中实现对知识的内化。翻转课堂的课中环节，一般包含以下五个部分：

（1）自主学习成果检测。在翻转课堂的课中环节，教师首先对学生自主学习的情况做简单快速的检测。通常可通过口头提问的形式对学生的课前学习情况做简单了解，同时结合学生所完成的课前学习练习，确定学生在自主学习过程中未能得到解决，并且需要提出来共同探讨的问题。教师也可根据教学内容的重难点向学生提出问题，通过这种方式了解学生情况，让学生进入学习状态。

（2）学生独立探索。在翻转课堂的课中活动中，教师为每一位学生提供了独立思考和探索的机会，着重培养学生的独立学习与解决问题的能力。在独立地思考探究中，学生尝试利用新学到的知识去解决问题，使知识得到有效的内化，在不断地探索问题与解决问题中构建出自己的知识体系。

（3）协作探究。在学生完成独立思考探究之后，通过同伴之间协作探究促进学生对知识的深入理解与掌握。学生在这个环节中以小组的形式参与到协作探究活动中，与小组成员交换观点和想法，通过小组成员之间的交流、协作共同完成学习目标。教师需根据实际情况选择适当的小组学习策略，如小组讨论、头脑风暴等。教师在这个过程中需扮演好指导者的角色，随时关注各个小组的探究动态并及时加以指导。

（4）成果展示与交流。通过独立探索、小组协作探究的学习活动之后，学生通过报告、演讲、比赛等形式，将独立探索与小组协作探讨的成果在课堂上展示。学生或小组之间对各自成果进行点评，共同分享学习的收获。

（5）教学评价与反馈。由于翻转课堂教学模式颠覆了传统的教学模式，其特殊性决定了评价体制的变化，评价主体、评价内容、评价方法等都与传统教学模式下的评价体制不同。首先，教师不再是唯一的评价主体，学习者、同伴甚至家长也成了评价的主体；其次，评价内容变得多样化，课前练习成绩、独立解决问题的表现、小组协作探究活动中的表现、成果展示环节的表现都可成为评价的内容，而不仅限于检测的成绩；最后，教师可通过习题检测、课堂观察、同伴互评等方式对翻转课堂学生学习情况进行全面的评价，并将这些反馈的评价结果作为制定下一步的教学计划的参考依据。

（四）翻转课堂模式对英语教师提出的要求

1. 具备制作数字课件的能力

在素材准备阶段，教师需准备好制作教学微视频中将会用到的 PPT 课件、图片、音频、视频等素材，如教学 PPT、用作课前热身引入的视频片段等。

根据不同的教学对象，教师可根据教学内容与教学目标采用不同的方法制作微课，目前广泛使用的是计算机 + 麦克风 + 录屏软件的微课制作法。教师一边播放教学课件，一边讲解教学内容，利用录屏软件把讲解内容录制下来，并导出为视频文件，生成教学微视频。同时教师也可根据需要在视频中插入讲课的头像窗口，吸引学生注意，调动学生积极性。

2. 对自身角色进行重新定位

翻转课堂的概念，决定了必须对师生角色重新思考定位。教师作为课堂教学的关键因素，所发挥的作用已与传统教学天壤之别。灌输式的听讲模式是传统教学的授课方式，学生的活动都由教师命令，完成命令是学生的主要任务和天职，简单说，学生是被动的听从者。而教师是课堂的核心主体，按照书本内容备课、讲课、留作业、收作业批改是教师的主要工作。这样的教学模式，衍生的就是教师成为知识的垄断者和权威发言人。

翻转课堂之所以叫翻转课堂，是因为对比传统课堂，师生的角色进行了翻转。新模式让教师从讲授者变成了学习设计者、疑问解答者、知识引领者。课下，教师要提前设计教学视频和学习资源，制作和寻找资源的过程也是思考教学内容的过程，无形中教师成了学生的同伴，而后在课堂中又变为导师。学生则变成学习的中心，是知识的真正操纵者，课前主动及时学习教师所凝练的视频短片，实际活动中完成真实任务来自主构建知识体系。翻转课堂模式，要求学生的自控能力非常强，不能依赖教师给自己的帮助，要更加积极主动地建构知识、内化知识。因此，师生角色的转换，使课堂主体变更，学生虽然是主体，但是教师依然推动着学生的学习活动，教师要考虑学生迅速内化知识的方法，引导学生自主学习，强化其探究能力。而且学生课前的自学视频是教师选择和录制的，学生思考的问题和时间也是教师计划安排的，这也让教师自身的能力和才华得以展现。

3. 掌握翻转课堂教学的方法

教师在实施翻转课堂教学模式前，需要告知学生如何观看教学视频。首先，教师要鼓励学生消除会影响或分散学生注意力的东西，譬如学生在观看教学视频的过程中会把其他网页打开或者听音乐等，这些会影响学生认真观看教学视频。因此，在实施翻转课堂教学模式之初，需要教师把学生集中进行观看教学模式的训练。在学生遇到不懂的地方的时候，教他们如何“停键”“倒键”，教师需要教会学生自己控制教学视频，并告知学生这些可以帮助他们看到教学视频的价值。更重要的是，可以帮助学生真正实现“掌控”自己的学习。

由于在翻转课堂中知识的传授被放在课外，课堂教师有更多的时间来设计活动。教师可以针对自己本身所教授的科目、教学风格采用不同的课堂教学策略。对于英语的学习，教师可以根据本科目的特点设置更多的对话、阅读国外文学、写故事等活动，激发学生在课堂中更多实践操作外语的学习。教师除了要组织不同的教学活动，还要具备一定的课堂引导力。在上课伊始，教师可以采用提问策略检查学生观看教学视频的情况。所提的问题必须是教师基于本课的设计精心挑选的，教师在此环节要适时引导。同时营造一种宽松愉悦的氛围，鼓励学生说出自己的见解或者表达出自己对教学视频的疑问。

第二节　现代英语的个性化教学发展

一、英语个性化教学概述

（一）个性化教学的内涵

关于个性化教学的定义可谓“仁者见仁、智者见智”。下面是一些比较有代表性的观点。

阿兰在其《个别化教学》一文中区分了“individualized teaching”与“individualized instruction”两个术语的含义。他认为，前者强调的是教学过程中师生之间、学习者与学习者之间以及学习者与学习资源之间的互动；后者强调的是学习者可以按照自己的步调进行学习以及学习者参与制定自己的学习日程，它往往与非正规的课堂教学联系在一起。

詹金斯（Jenkins）使用“personalizing instruction”“personalize instruction”“personalized instruction”等词汇来描述个性化教学，并将其含义概括为以下两点。

（1）特别强调每一个学习者的需要、天赋、学习风格、兴趣和学术背景。

（2）要求学习者不断地进步。

《韦伯斯特词典》将“individualization”（个性化）的含义总结为以下三点。

（1）保持个性，养成一个有特征的人。

（2）使个体进入自我管理的状态。

（3）调整或顺应个体的需要或特定环境。

尽管上述观点所使用的术语各不相同，但它们都不同程度地体现出个性化教学的一些内在特点。综合上述观点，笔者认为所谓个性化教学就是以了解和尊重学习者的个体差异为前提，最大限度地发展每个学习者的能力为目标，以充分调动学习者的学习自主为方式，以灵活多样的教学形式为依托的教学模式。因此，应从以下三个方面来理解个性化教学的内涵。

（1）全纳教学。个性化教学要求教师尊重不同学生的禀赋水平，为全体学生提供同样令人感兴趣的、同样重要的和同样吸引人的学习任务，为全体学生提供在不同困难程度上形成基本理解力和技能的机会，以利于学生理解力和技能的发展。个性化教学期望所有学生的持续性成长，课堂作业没有任何标准，只有对学生个体的深深的尊重。因此，个性化教学的本质是教师向学生阐明保持和理解的本质，教学过程是促进每一名学习者的个人成长和个体成功的过程。

（2）适应性教学。随着经济的飞速发展及国际竞争的日益激烈，社会对于人的素质的要求更注重寻求以个性品质为内核的“全人格”内涵，而传统的班级教学在发展过程中越来越暴露出其在适应学生个别差异方面的不足，这就使得教学模式也必须进行相应的调整。教师适应学生是学习过程的核心。适应性教学（adaptive instruction）就是要求教学安排适应个别差异的环境，创设相应的情境，建构相应的课程知识以及建立相应的评价制度等。因此，从这个意义上讲，“个性化教学”也被称为“适应性教学”，自20世纪80年代以后，这两个概念是可以互换使用的。

（3）分化教学。美国当代著名心理学家加德纳曾明确指出，“在过去的世纪中，教学的最大错误是：假定全体儿童是没有差异的同一个体，而以同一方式教授同一学科般地对待全体儿童”。而分化教学（differentiated instruction）就是以分化的方式来适应学习者差异性的个性化教学。每个学习者在学习意向、兴趣、天赋方面都有自己的特点。具体来说，学习意向是学习者的学习倾向性，包括性别、文化、学习风格、智力倾向性等。例如，有的学习者倾向于以逻辑和分析的方法学习，有的学习者则倾向于借助大量图片来感知、理解具体的内容。兴趣是学习者对某一特定专题或技能的好奇、爱好或偏爱，例如有的学习者非常喜欢语言而进行文学研究，有的学习者对盖房子感兴趣而选择学习建筑。天赋是学习者在某一方面与生俱来的理解力、学习能力或技能，天赋对学习效率的高低会产生一定的影响。

分化性教学强调的是以异质分组的形式来调整班级内部的个别差异，以实现个性化教学。学生的差异性是一种合理性存在，分班分组就必然要体现这种差异性，这就是随机分班分组。经过一段时间的教学之后，通过测验了解学生的成绩和水平状况，然后分成若干小组，让一部分学生借助各种视听工具等教学手段进行自学作业。然后，把特别差的学生集中起来，把特别好的学生也集中起来，由教师分别给予特别指导。这种情况下，教学并不否定同质分组，而是把同质分组与异质分组有机地结合起来。

（二）大学英语个性化教学

大学英语个性化教学的实现，首先要实现教师以个性为基础进行教学和学生以个性为基础学习的统一。大学英语的个性化教学要求教师充分尊重且发挥学生的学习积极性，重视学生个性的和谐发展。教师需要通过教学引导，使学生认识到自我求知的重要性，从而达到实现人的全面发展的目的。在教学过程中，教师还应通过引导培养学生自主获取信息和独立思考的能力，使学生实现知识、能力和人格的协调发展。个性化教学的实施，不仅能够提高学生学习新知识的速度，实现学生学习效率的提高，还能充分挖掘学生的发展潜力，培养学生的独立思考和创新能力，实现学生综合素质的提高。英语教学作为一种语言文化的素质教育，教学目的就在于开阔学生视野，使学生具备英语沟通能力，实现学生交际能力的提高。从学生的角度来说，每一个学生在知识结构、兴趣爱好、性格上都存在差异，每一个学生对新知识的获取能力也都有所差别，因此在教学的过程中不能“一刀切”，而应以学生的个性为前提，实现个性化教学，培养学生学习英语的积极性，使学生在英语学习中主动思考、主动获取知识，进而达到英语教学的最终目的。

因此可以说，大学英语的个性化教学就是基于学科专业特点和学生个性特征及个体差异，以教师个性化教学和学生的个性化学习为基础，实现学生在知识与技术、学习策略、跨文化交际能力和国际视野等方面发展的教学活动。

个性化教学要求教师在教学过程中，在保证学生遵守普遍性原则的前提下，尽量尊重学生的个人价值，实现对学生潜力最大限度地挖掘，使学生能够在英语学习的过程中，能够按照自己的思想和行为使用英语进行交流。个性化教学的实现要求教师首先应转变思想，重视学生的主体地位，建立平等的师生关系。其次，应促进师生之间、学生之间的互动交流，使学生在知识逻辑和心理逻辑上达到和谐统一，实现学生学习英语的螺旋式发展。在具体的教学实际中，教师应采用多样化的教学策略与方法，充分挖掘学生的潜力，提高学生的学习积极性，使学生在探索和体验中，实现对英语的主动学习，提高学生的英语技能水平和综合素质。

在大学英语教学中，教师在课堂教学中的能力是实施个性化教学的重要因素。大学英语学习者存在个体差异，他们的英语基础和学习能力都是不同的。因此，教师能否充分考虑到学生的个体差异，把握好整体教学节奏，就显得尤为重要。对于英语教师来说，要提高课堂教学能力，首先要具备一定的英语教学的理论基础。认知理论在大学英语教学中取得了良好的效果，因此受到了教育界的广泛关注和推崇。因此，认知理论对大学英语教学具有一定的指导作用。认知理论的特点在于尊重学生个性，以学生为中心，有利于引导学生进行独立思考，并提高学生独立思考的能力。教师在英语的写作、阅读、听力等教学上，都可以应用认知理论。例如在写作教学中，教师应充分关注学生的写作过程，并为学生做好示范和推荐工作，以循序渐进为原则，教授学生写作的环节构建。此外，教师还应对学生的写作学习进行一定的监控。这样一来，就能够提高英语写作教学的效率，取得良好的教学效果。同时，对于教师来说，只有充分了解教材内容，对教材有深入的理解，才能够在教学中选择更为合适的素材。随着网络技术的发展，人们能够获取的信息越来越丰富。因此教师应充分利用互联网，广泛收集丰富的英语教学素材，作为对英语教学内容的补充。大学英语的教材建设也有相应的教育学理论指导。一般来说，需要把握大学英语课程内容选择中的整体性原则等内容，理解既定大学英语教材内容中素材来源方向和教育主旨，遵循教材内容的主线安排。

二、英语个性化教学发展的原因

（一）传统英语教学中的统一性过强

当前，大学英语的教学仍沿用着传统的教学理念和课程设置，在英语教学大纲的制定、教材选用以及课堂模式等方面也呈现出统一性。某种程度上讲，统一性能够解决英语教学中存在的教学管理、课程标准和评价方式等问题。但是统一性也存在着较大的弊端，其中最主要的就是忽视了教育主体的需求特征和自主性的发展需求。在英语教学实际中体现为教师在教学中只重视知识的传授和掌握，忽视学生的创新能力和个性发展；在教学中只重视课程传授的过程，忽视学生的实际需求。教师为完成教学任务，基本围绕教科书的内容开展教学，在课堂上直接阅读书籍，造成教学如同教材，仅仅关注课堂输入，忽略了课后输出。从整体上来说，这种统一的英语教学，在内容上难以调动起学生的学习兴趣，学生的英语语言能力也得不到锻炼，大部分学生长期处在被动的学习状态和环境下，实践能力不足，缺乏参与意识。

（二）英语教学个性化发展的实际需求

在大学英语的课堂教学实际中，往往采取的是对学生综合语言技能的均衡式培养，但是从学生的角度来说，每一位学生的家庭和教育背景都不同，他们在性格、能力上存在差别，对于英语学习的需求也存在差异。因此，大学英语教学在人才培养的过程中，应充分满足学生的个体需求差异，满足社会的人才需求的不断变化。但是，当前我国的大学英语教学人才培养模式在这一点上还存在不足。

三、英语个性化教学的实施策略

（一）多元化的课程设置

大学英语的个性化教学首先应实现课程设置的多元化。多元化的课程设置不是对传统大学英语教学目标和学生需求的排斥，对于传统大学英语中以阅读为核心的课程设置可以保留，以满足学生对于英语考级和考研的需求。同时，还应逐渐增加听说课程比重，满足跨文化交际背景下学生对于英语交际听说能力的需求以及社会对于人才培养的跨文化交际能力培养的需求。此外，在课程设置上还应重视对专门用途英语课程的设置，实现英语教学与专业教学相结合，为学生在今后的工作、生活中跨文化交流提供帮助。不同学习需求指向下的不同教学目标，决定了不同的课程设置和教学内容的选择，以满足学生不同的个性化需求和目标。在专门用途英语课程设置中，可以对学生进行需求分析，掌握学生在专业领域对专业的实际需求，同时了解学生英语学习的主观需求和实际需求的差异，即个性化需求，找到社会需求和学生个性化需求之间差异，以便确定课程的具体内容和要求，设计课程活动，实施个性化教学。

在课程内容设置上，个性化应体现在以学科专业的特点为基础，开展对学科英语的需求分析，并以此为依据设置多元化的教学内容，实现英语课程设计的跨学科融合。为了学生的长期成长和进步，课程内容的设计还应结合学生的专业设计需求，使学生在英语学习的过程中，充分认识到英语学习的重要性。大学英语的个性化教学应实现英语教学和个人职业规划的融合，使英语教学为学生的基础知识的学习和实践能力的提升服务。多元化的教学目标决定了大学英语课程设置的多元化，根据教学内容不同，大学英语可分为通用英语（English for General Purposes）、通识教育类英语（English for General Education）、专门用途英语（English for Specific Purposes）。学术英语和科技英语均属于专门用途英语。实施多元化课程，需要在总体上对课程内容、难度、目标进行规划，以确保课程能有效衔接。对于不同的高校和专业，还应各根据自身实际设计个性化的教学模块。

（二）多元化的教学内容组合

传统的大学英语教学具有较强的统一性，具体表现在教材的统一和教学内容的统一上。过强的统一性成为阻碍学生个性发展的重要因素。虽然统一的教学内容设计，能够有利于教学安排、教学考核的实施，能够降低教育成本。但是这种统一性一方面影响了教师在课堂教学中面对具体教学内容的不同偏好，另一方面也忽视了学生的个性特征和需求差异。统一的教学内容，也限制了教师个性化教学方法的实施，不利于教师对知识的展现和学生对于知识的接受。统一的教学内容不能满足学生的个性需要，不利于学生主动、自觉地学习。

对于大学英语教学来说，实现对教学内容的多元化组合，是实现大学英语个性化教学的重要内容。不同的组合方式，为学生提供了多样的学习方式的选择。不同的教学内容组合，突出了不同的重点，如自主学习、探究性学习、体验式学习等。学生可以根据自身特点和学习需求，选择适合自己的教学内容组合方式，从而获取英语语言技能的实践经验，提高英语语言技能应用能力。在传统的英语教学中，教师对英语的教学主要依靠教材的编写思路和个人对英语教学的理解，同时也受到课程安排等外在因素的影响，对课程内容进行分割组合。但是这种组合往往个人色彩较强，造成知识之间或是孤立的或是随机联系的。这种组合方式没有考虑学生的学习特点和需求，缺乏对英语教学的整体性考虑。而多元化的大学英语教学内容安排以综合化的思想为指导，对不同单元的大学英语教学内容进行整理和改造，避免知识内容的重复性问题，给学生提供多元化、综合性的学习材料，使学生能够获得个性化、明确性的学习思路，对自己的学习内容、方式和过程有充分的认识和掌控。

目前的大学英语课程设置要求学生必须同时参加听、说、读、写、译各门技能的课程学习，而多元化的课程设置则要求将英语学习的各项技能进行分工，将各种技能独立开来，或将不同的技能课程重新组合，形成如听说、读写、写译等不同的课程类型。学生则应从自身的实际需求出发，或根据自身兴趣进行探索式学习，或者根据自己在英语学习上不足进行针对性学习，或者突出自身英语学习的特长，进行刺激性学习，实现英语技能的卓越发展。学生也可将英语技能的学习与强调专业需求的专门用途英语课组合起来，丰富大学英语教学的课程组合。在现实中，学生的专业需求可能与英语学习兴趣不一致，因此，面对这种情况，教师一方面应积极对学生进行引导，另一方面还应充分尊重学生的学习兴趣。多元化教学的课程组合最终的目的是为了满足学生的个性化需求，从而激发学生的学习动机，增强学生的学习动力，提高学生的学习效果。

（三）多元化的教学方法

1. 自主学习法

自主学习的核心是要发挥学生学习的主动性、积极性，充分体现学生的认知主体作用，其着眼点是如何帮助学生“学”。因此，这类教学策略的具体形式虽然多种多样，但有一条主线贯穿始终——让学生“自主探索、自主发现”。

自主学习法的基本过程是让学生通过对具体事例的归纳来获得一般法

则，并用它来解决新的问题。其大致步骤如下：

（1）设置问题情境。教师设置问题情境，提供有助于形成概括结论的实例，让学生对现象进行观察分析，并逐渐缩小观察范围，将注意力集中在某些要点上。

（2）假设——检验。让学生提出假说，并加以验证，得出概括性结论。通过分析、比较，对各种信息进行转换和组合，以形成假说，而后通过思考讨论，以事实为依据对假说进行检验和修正，直至得到正确的结论，并对自己的发现过程进行反思和概括。

（3）整合与应用。将新发现的知识与原有知识联系起来，纳入认知结构的适当位置。运用新知识解决有关的问题，促进知识的巩固和灵活迁移。

（4）设计学习评价系统。评价系统以标准参照测验为基本形式。经过一段时间的学习后，学生可以自行决定是否接受测验。若通过测验可进行下一单元的学习；若未通过测验，教师应及时给予指导以帮助学生最终掌握学习的知识。

（5）建立计算机教学辅导和管理系统。计算机辅导与管理系统可以使教师实时追踪学生的学习状况，从总体上把握学生的学习进展情况。

自主学习策略一方面关注学生对基本概念和原理的提取、应用，同时关注学生在发现过程中的思维策略，关注探究能力和内在动机的发展，因此，有利于培养学生的探索能力和学习兴趣，有利于知识的保持和应用。但是，这种学习往往需要用更多的时间，效率较低。

2. 同伴辅导法

同伴辅导是学生配对的个性化教学方法，指在多样化的教学情境中，教师安排学生通过一对一的搭配进行互相帮助。同伴辅导可以通过以下三种方式展开。

（1）不同年级学生之间的辅导，通常是高年级学生辅导低年级学生。这种方式不仅可以帮助提高被辅导者的学业成绩，还可以帮助学生发展其社会性品质。

（2）两个学生之间平等的互相帮助，共同参与学习活动。这种方式的扩充形式是合作学习（cooperative learning）。

（3）同一班级内学生之间的互相辅导。这种方式最为普遍。

同伴辅导的优点不言而喻。学生往往因为害怕教师的权威而不敢向教师提问，但在同伴辅导过程中，同伴之间没有压抑感，可以大胆地进行提问与讨论，从而能够获得解决问题的启发。

作为辅导者的学生通过解答问题可以加深自己对题目的理解，从而提高学习效率。作为被辅导者的学生由于不用担心同伴的批评也可以充分表达自己的看法，有利于养成“不耻下问”的学习态度和积极主动的学习习惯。

作为辅导者的学生通过以下两种方式进行辅导：一种是解释型，即通过层层分析告诉被辅导者错在哪里、如何解决，对被辅导者的帮助较大；另一种是总结型，即直接纠正被辅导者的错误或给出正确答案，这种方式对概念重构帮助不大。

3. 风格本位教学法

风格本位的教学策略要求调整教学环境，以适应不同学生的差异。教学风格主要指教师教学过程中稳定的行为样式，涉及教师的情感和态度等广泛的个性特征。有学者认为，教学风格就是指教师如何利用课堂空间组织教学活动、准备教学资源以及选择学生群体等的相对稳定的行为样式。教学风格的核心就是行为和方法策略在一定时间内的相对稳定性，教师教学风格的建立需要一定的时间过程，新教师谈不上风格本位的教学，只有从事了一定时间的教学，积累了丰富经验的教师，才能够谈及风格本位的教学。

风格本位的教学策略要求调整教学环境，以适应不同学生的差异。鲁宾（Rubin）提出了六种教学风格类型。

（1）改进型。改进型教师重视学生的反馈信息，善于利用反馈信息来分析学生情况，诊断学习错误，并提出建设性意见。

（2）信息型。信息型教师知识面广，能为学生提供大量与学习有关的信息。

（3）程序型。程序型教师指导学生活动，并促进学生自我教学和自主学习。

（4）鼓动型。鼓动型教师以情感投入来激发学生的学习注意力和兴趣。

（5）互动型。互动型教师以对话和提问的方式促进学生思维的发展。

（6）陈述型。陈述型教师以教材为中心进行知识陈述。

风格本位的教学策略需要教师在课程教材方面进行改革，契约活动包（Contract Activity Packages，CAPs）是最常用的方法。契约活动包是为那些倾向于结构化学习环境的学生或追求自我选择的学生提供的教材大纲，代替了全班课堂教学的课程教材，向学生提供可供选择的作业，以满足个性化教学的需要。学生完成一项活动并记录达到每一个目标的经验。

（四）多元化的教学组织形式

“随着人们对教学组织形式发生、发展和变革过程的深入研究，发现世界上并不存在万能的教学组织形式，每种形式都各有利弊。要使教学取得最佳效果，只有对各种教学组织形式进行优化组合。”分级分类教学是一种体现了个性化教学理念、混合式的教学组织形式，是一种本着“以人为本”“以学生为中心”的教学管理方式，最大限度地尊重和顺应了学生的个性差异和教学可能性。大学英语个性化教学下的分级分类教学是顺应了现代教育潮流，以“因材施教”为原则，全面实施的差异化、多元化的教学形式。按照学生学业特点和学习需求，分级测试和调查调研，打破自然班，按照学习能力和学习目标差异，混合进行班级编排；针对级别不同的学生，在教学当中应当具有侧重点，除尊重个体差距之外，还需要强调目标管理，进而采取有效的组织教学方案；动态管理是教学过程必须应用的，将会更加注重学生个性化，完成级别滚动制的要求。教学中因材施教原则要求教师加强教学目的性，使教学目标与学生学习能力匹配，提高了教学效率和教师的成就感，学生自我认知感加强，学习动机强度增加，学习自信心提升。

传统的大学英语课堂不断被以计算机技术和网络技术为主要教学媒体的计算机辅助教学模式和多媒体教学模式所侵入、替代。学习动机强、学习能力强、学习需求明确的大学英语学习者和班级更适合采用这种互联网＋的教学方式，而这种教学手段和模式的使用比例的增加，改变甚至颠覆了大学英语教学组织管理方式。互联网＋的教学方式，充分发挥了互联网数据处理快、信息存储量大、可按使用者意愿获取相关信息的特点。网络资源的共享性、开放性和交互性，也极大地满足了各个层次学生的相关需求，从而真正实现以学生为中心的教学理念。

大学英语个性化教学的特点决定了大学英语所采取的分级分类多元化教学方式，应是一种传统大学英语教学组织形式与网络环境下的大学英语教学管理形式相结合的一种混合存在方式，即传统教学组织形式与互联网＋混合的分级分类教学组织形式。对不同级别的大学英语教学应积极创设不同的网络教育环境，在选择教学组织形式时，还应考虑学生的学习特点、学习动机、学习条件，选择适合的学习时间、学习进度和学习方式，最大限度地让先进的信息技术为大学英语教学服务，以便顺利完成教学内容。

从组织形式上讲，这种混合式教学形式，要求大学英语教学既要考虑教学时间和地点的适当性，又不能受其束缚；既要考虑教与学在时间空间内的融合，又敢于大胆利用网络技术与资源，朝着个性化和自主学习的方向发展。这种混合的教学组织形式，符合个性化学习方法的探索，使得个性化策略成为未来学生自主学习的关键所在。

（五）英语个性化教学的评价体系构建

1. 英语个性化教学的评价标准

实现大学英语的个性化教学评价，必须有完善的教学评价标准作为支撑，这也是大学英语个性化教学评价实现的基础。如果没有明确、详细的评价标准，大学英语的教学评价就难以实现。因此，制定的教学评价标准是否合理，将成为影响教学评价正确发展的决定性因素。

个性化教学关系到方方面面，因此个性化教学评价的标准也是复杂的、多元的。在个性化教学中，每一位参与教学活动的师生都对个性化教学存在个性化的感知和理解。从某种意义上讲，每一次的教学活动都是个性化的。但是个性化教学评价标准的设计，需要以大学英语的教学目标为依托，即教学评价的取向需要达到具象化。在保证这一基本取向的前提下，可以为个性化教学评价设定一定的具体标准：

一是引领学生进步。学生的进步也是个性化教学评价的必备依据。在一定程度上来说，教学目标也反映了培养目标，因此，也可以说教学目标是教学中的核心要素。对教学目标来说，导向是最为首要的功能，教学目标首先应实现学生更好的发展。《大学英语教学指南》（以下简称《教学指南》）提出高等学校大学英语教学改革应建设多层次多元化的教学目标体系，满足学生个性化的学习需求，并进一步指出大学英语教学目标应分为基础、提高和发展三个等级。教学目标的分级，目的就在于通过个性化的教学活动促进学生的个性化发展。在《教学指南》中，分别对这三个级别目标应具备的能力进行了详细的描述。对基础级别的能力描述为：可以适应日常生活、今后工作以及学习，同时和自身紧密挂钩的信息交流；可以引入具体的学习策略；和文化背景不同的人进行交流时，可以了解对方的文化形式，尊重他们的价值观差异；同时，结合交际需求，对交际策略进行运用。对提高级别的能力描述为：在平时生活或是学习中可以用英语来对某些比较常见的话题进行交流、讨论；可以运用有效的学习策略；和文化背景不同的人进行交流时，可以应对文化、价值观等诸多差异；同时，结合实际的交际需求，对交际策略进行运用。对发展级别的能力描述为：在平时生活或是学习中可以用英语进行流畅的交流；可以熟练行使学习策略；和文化背景不同的人进行交流时，可以应对在文化背景或是价值观等诸多层面上的差异；结合具体的交际情况、场合及交际对象，引入恰当的交际策略。

《教学指南》从学生的实际水平和实际情况出发，为实现大学英语教学的个性化发展需求，要求教学单位不仅要建立教学目标等级体系，实现分层次组织教学的要求，并且在教学过程中还应结合现代化教学手段。在大学英语教学中，必须对学生英语实际运用能力进行培养，满足学生个性化发展的需求。因此，实现了《教学指南》中各级别教学目标的教学，就能够实现引领学生发展的目标，也就实现了大学英语的个性化教学。

二是要引导教师关注个性化教学的全过程。大学英语个性化教学的全过程不仅包括设置教学目标和内容、选择教学方式、展开教学管理等内容，学生在教学过程中的具体表现、思维品质变化，以及师生关系的变革等也是教师在教学过程中应关注的重要内容。

对个性化教学过程进行评价，首先要关注的就是教学目标的设置能够满足不同理论基础的学生的不同需求，在英语教学中，有的学生理论基础较差，有的学生理论基础较好，因此在教学过程中，应对学生的基础差异进行充分考虑，尽量做到既能够为基础差的学生提供更多的学习机会，又能够为基础好的学生提供成长空间。在教学过程中，还应重视技能学习，从而实现学生语言基础、综合应用能力的提高，既有利于学生在学习过程中实现英语水平的提高，也有利于实现学生的个性化发展，使英语教学能够充分满足学生自身发展需求，实现大学英语教学的个性化发展。同时，课堂教学是否合理、教师对教学目标是否理解、教学结构是否完整清晰、问题的设置是否合理，学生的认知过程是否达到预期目标、教学任务是否落实等也是个性化教学评价的重要因素。此外，对于教学过程中的互动也是个性化教学需要关注的重要内容，即教师是否能够主导课堂中的师生互动交流、是否能够有效解决教学中存在的问题、是否实现学生对课堂教学的积极参与、是否实现高质量的课堂教学、教师是否利用等多媒体等工具辅助教学等。对教学课堂质量的评价主要看教学是否达到预期目标以及学生的反馈意见等。

在课堂教学活动中，学生拥有较高的积极性和主动性，是教学活动有效性的充分体现。学生主体的参与是教学实践活动开展和体验的基础，面对学生自主学习、探究学习的引导，需要通过学生的主动参与才能实现，若学生在课堂教学活动中缺乏积极性和主动性，不愿参与或参与较为被动，就难以实现有效教学。为提高学生参与课堂学习积极性，可采用激发学生学习兴趣、为学生提供充足的学习空间、设计具有挑战性的问题等方法。

三是实现综合性的教学评价。《教学指南》要求个性化大学英语课程评价应建立学校内部自我评价为主，其他多样化的外部课程评价为辅的评价体系，个性化大学英语课程评价必须客观公正，以保证为课堂教学开展提供有效的信息反馈，从而推动大学英语课程的建设发展。教学评价是检验教学质量，促进教学发展的重要手段。学校的相关管理部门应从实际出发，根据自身的教学需求和现状，制定适合自身发展的评价标准，并建立常态化的评价数据库。对于教学评价，应定期公布和更新数据，实现对教学评价活动的自我监督。对于教学评价获得的反馈，学校应对其进行有效的信息分析，以促进自身的改进和提高。多样化评价的实施应根据学校类型、地区特点和学生需求，建立分层分类的课程评价，评价标准的制定和评价活动的实施由教学管理部门负责，学校师生应积极参与到多样化教学评价活动中。多样化评价活动主要是对教学过程和学习过程的评价。只有建立学校内部自我评价为主、其他多样化的外部课程评价为辅的评价体系才能保证评价体系的科学性，实现对英语教学的多维度分析，了解大学英语个性化教学的开展是否达到最终教学目的。

2. 英语个性化教学的评价方法

随着大学英语教学改革的深化发展，传统、单一的课堂教学需要顺应改革发展趋势，实现全方位、立体化的转变，以达到培养学生全面的综合应用能力、提高学生人文素养的目标。伴随着英语教学模式的改革，英语教学的评价方式也应实现相应的变化。英语教学改革的实现要求在英语教学评价中重视学生的个性化反映，尊重学生的个性特点。英语教学评价应实现多样化的发展，不仅对学生课内外学习行为如言语交流、书面作业、口头问答等进行评价，而且还对学生的学习能力、学习态度等做出评价。

（1）档案法

档案法最初产生于1980年末的美国，作为一种新兴的评价方式，档案法在美国得到了快速的发展，并逐渐取代传统的标准化考试评价方式。档案法的特点在于能够体现学生的真实学习水平，因此也被称为真实评价。档案法以学生的已有作品为评价依据，这些作品能够有效展示学生的学习状况和成长情况。档案袋内的作品均由学生自己选择添加，并给出理由。随着学生的发展，档案袋内的作品也会不断积累。档案法最大的价值就在于使学生成为参与者参与到档案袋的制作中。学习档案的内容丰富多样，论文、作品、重要考试成绩等能够反映学生学习成果的资料，都可以添加在内。通过建立学习档案的形式，可以实现对学生的学习过程有目的的了解和收集，从而对学生的学习效果进行阶段性展示。多样化学习档案的建立，能够真实地反映学生的个性，对于学生个性化学习与个性化发展具有重要的意义；同时，也能够吸引学生参与到英语教学评价中。教师可以在学期之初要求学生自己建立能够全面反映自己各方面能力发展的个人学习档案袋。在建立学习档案袋的过程中，学生能够及时了解到自身学习状况，通过反思与总结，继而实现自我监控和不断提高的目的。对于学生来说，他们认为档案袋比传统纸笔测试更能测量出自己的语言水平，而且在完成档案袋活动的各项任务中，学生的表现也比在传统课堂中的表现更为积极和活跃。在学生的自我反思过程中，档案袋在强化学生认知策略等方面发挥着重要的作用。随着信息化的发展，纸质档案袋逐渐发展出电子学档（E-learning Portfolio，ELP）的形式，通过利用电子学档，学生可以获取课前学习资源，并根据一定意识与标准对电子学习作品进行选择，同时也能够自主评价自身学习过程与成果。电子学档不仅仅有利于丰富学生学习资料、展示学生学习成果，而且还能够对学生学习过程予以有效记录。

学习档案能够变现学生的学习过程，并通过学生对问题的认识和作品的展示，了解学生理解和掌握知识的情况，并对学生在学习过程中关于知识的创新、实践与协作及学习态度、个人价值观、科学认识的发展过程的表现进行客观评估。学习档案还能够实现对学生过去、现在的学习成果和相关侧面的比较，以判断学习者的当前水平，肯定学习者取得的成绩，并找出不足之处，实现对学生的过程性教学评价。在个性化教学过程中，学生的发展是在教学者教学目标教育价值观下共同认可的目标，因此需要建立适当的评价策略，实现对学生的发展性评价，使学生在学习过程中不断提高。随着现代信息技术手段在教学中的应用，实现学生在教学目标设定与个人发展模式方面的创新，以教学任务为轴，建立学习过程、学习认识、学习后的作品有机结合的学习档案袋将会变得更加便捷。

学生自建学习档案可以实现对学生学习过程和认识发展过程的完整记录。在学习过程中，学生可以将疑难问题、错题集、认知笔记、个人知识库、作品完善过程结合起来，并借助各种信息化手段建立学习档案，在学习过程中为自我反映和评价提供依据，有利于学生养成良好的学习习惯，提高创新能力，并实现对自己学习过程的监控。对于教师来说，学习档案袋的建立能够为个性化教学的实施提供许多其他评价手段无法获得的有关学生学习发展的信息。

（2）自我评价法

自我评价法即通过一定的方法引导学生对自我学习进行反思、总结，以了解自身在学习过程中的优势与不足。自我评价法符合人本主义需求，是一种符合现代教育发展趋势的评价方法。自我评价属于一种创造性活动，它要求学生要进行充分的思考，经过自我评价，学生对事物的了解也将更为深入。学生通过自我评价，能够更加充分地认识自己，了解自身学习情况与能力，有利于学生心理健康成长。学生的自我评价可以通过以下几种方法进行，如自我提问、自我编制试卷并作答等。

除了学生的自我评价外，教师的自我评价也是英语个性化评价的重要内容。教师针对课堂教学活动展开自我评价，体现出一定的积极主动性，该评价活动的开展也是以教师自愿为前提，教师进行自我评价活动还必须对评价标准有充分的了解。因此，教师自我评价活动的开展，必须根据自身实际情况，以免外部环境或反常心理状态对评价活动造成影响。教师在课堂教学过程中的自我评价是一项连续性活动，具体的评价活动可以自行安排，使评价活动具有实时性。教师课堂教学的自我评价也是一项综合性活动，既是教师综合素质的体现，也是学校教育活动中不可或缺的重要活动。教师的自我评价可以以思想素养、文化素质、职业技能等多方面为标准，实现对教师的综合评价。对于教师的自我评价来说，保证评价结果的真实性和完整性具有重要的意义，有利于促进教师综合素质和教学质量的提高。

参考文献

[1] 闫文培 . 全球化语境下的中西文化及语言对比 [M]. 北京：科学出版社，2007.

[2] 蓝纯 . 语言学概论 [M]. 北京：外语教学与研究出版社，2009.

[3] 白靖宇 . 文化与翻译（修订版）[M]. 北京：中国社会科学出版社，2010.

[4] 黄勇 . 英汉语言文化比较 [M]. 西安：西北工业大学出版社，2007.

[5] 连淑能 . 英汉对比研究（增订本）[M]. 北京：高等教育出版社，2010.

[6] 汪德华 . 中国与英美国家习俗文化比较 [M]. 杭州：浙江大学出版社，2011.

[7] 闫传海，张梅娟 . 英汉词汇文化对比研究 [M]. 西安：西安交通大学出版社，2008.

[8] 祝西莹，徐淑霞 . 中西文化概论 [M]. 北京：中国轻工业出版社，2005.

[9] 刘明阁 . 跨文化交际中汉英语言文化比较研究 [M]. 开封：河南大学出版社，2009.

[10] 高明乐，梁清 . 英语教学——理论与实践 [M]. 北京：北京语言大学出版社，2013.

[11] 何少庆 . 英语教学策略理论与实践运用 [M]. 杭州：浙江大学出版社，2010.

[12] 何广铿 . 英语教学法教程：理论与实践 [M]. 广州：暨南大学出版社，2011.

[13] 贾冠杰 . 英语教学基础理论 [M]. 上海：上海外语教育出版社，2010.

[14] 窦坤，桑元峰 . 大学英语教学的实践哲学 [M]. 北京：光明日报出版社，2013.

[15] 魏朝夕 . 大学英语文化主题教学探索与实践 [M]. 北京：中国农业科学技术出版社，2010.

[16] 朱家科 . 大学英语教学中的文化教学 [M]. 武汉：华中科技大学出版社，2009.

[17] 陈德泉，虞晓东 . 高校英语教学创新模式探索 [M]. 杭州：浙江工商大学出版社，2009.

[18] 杨勇萍 . 跨文化交际与英语文化教学 [M]. 太原：山西人民出版社，2012.

[19] 毕继万 . 跨文化交际与第二语言教学 [M]. 北京：北京语言大学出版社，2009.

[20] 张华 . 跨学科研究与跨文化诠释 [M]. 上海：复旦大学出版社，2013.

[21] 王哲，夏纪梅 . 网络与课堂相结合的可持续大学英语教学改革实践及其成效 [J]. 外语电化教学，2010（03）：13-20.

[22] 王守仁，王海啸 . 我国高校大学英语教学现状调查及大学英语教学改革与发展方向 [J]. 中国外语，2011，8（05）：4-11.

[23] 尹曼芬，刘玉梅，周慧英 . 大学英语网络教学改革过渡期教学模式探索 [J]. 大理学院学报，2012，11（01）：98-102.

[24] 赵庆红，雷蕾，张梅 . 学生英语学习需求视角下的大学英语教学 [J]. 外语界，2009（04）：14-22.

[25] 王初明 . 从外语学习角度看大学英语教学和考试的改革 [J]. 外语界，2010（01）：17-22.

[26] 李冰 . 教育信息化背景下的大学英语师资队伍建设 [J]. 教育与职业，2016（17）：73-75.

[27] 林芸 . 认知语法视阈下英语语法认知教学模式研究 [J]. 鸡西大学学报，2014，14（11）：85-87.

[28] 伍忠杰，高照，李京南，等 . 体验式外语教学模式探索与实践 [J]. 中国外语，2010，7（01）：61-67.

[29] 王斌宏 . “翻转课堂”在大学英语教学中的应用 [J]. 大学英语（学术版）.2014，11（01）：9-12.

[30] 梁丽，李丽辉 . 尊重个性，培养“全人”：人本主义视域下大学英语个性化教学的实施与构建 [J]. 河北师范大学学报（教育科学版），2013，15（04）：68-71.